# Inhalt

## Einleitung

02 - Impressum
03 - Vorwort
04 - Werkzeug
05 - Zubehör

## Grundknoten

06 - Rundknoten mit zwei Schnüren
10 - Rundknoten mit zwei Schnüren über den Daumen
14 - Rundknoten mit drei Schnüren
18 - Rundknoten mit vier Schnüren über den Daumen
22 - Eckiger Knoten mit zwei Schnüren
26 - Eckiger Knoten mit zwei Schnüren

## Tipps & Tricks

30 - Biegsame Scoubidous
31 - Fixieren
33 - Knoten und Löcher weiten
34 - Löcher knüpfen

## Knüpfanleitung

38 - Fisch
40 - Tuchbinder
42 - Floß
44 - Meerjungfrau
48 - Haarspange
50 - Angelo
56 - Hubschrauber
60 - Drache

# Impressum

**Scoubidou - Bastelzauber**

**Anleitung zum Knüpfen und Flechten**

Die Deutsche Bibliothek - CIP-Einheitsaufnahme

**Verantwortlich für den Inhalt:**

Fantasia Verlag GmbH

ISBN 3-935976-23-2

Fantasia Verlag GmbH

Postfach 20 11 88

63272 Dreieich

Info-Line: + + 49 (0) - 6103 - 699503

Fax: + + 49 (0) - 6103 - 697072

Email: info@fantasiaverlag.de

Internet: http://www.fantasiaverlag.de

**Fachberaterinnen:**

Wiltrud Eisenhauer

Christiane Sturm

**Layout:**

Ramiro Vaca Schommartz

**Zeichnungen:**

Jan Rathje

**Texte:**

Armin H. Flesch

**Redaktion:**

Enrico Sauda

Bei Fragen, Kritik und Anregungen wenden Sie sich bitte an die oben angegebenen Adressen. Wenn Sie Tipps, Tricks oder Ideen haben, zögern Sie bitte nicht, uns unter den oben aufgelisteten Telefonnummer anzurufen.

# Bastelspaß mit Scoubi und Dou

## Woher kommt Scoubidou?

Scoubidou, so unglaublich es klingt, ist eines der ältesten Hobbys der Welt. Die uralte Technik des Kunstknotens nennt man Makramee. Der Name stammt vom arabischen Wort mucharram ab, was soviel bedeutet wie Gitter. Und wie ein kleines, feines Gitter sehen die vielen tausend Knoten auch aus, aus denen unsere Großmütter Gürtel, kleine Handtaschen, Zierdecken und sogar Kleidungsstücke geknüpft haben. Auch die alten Chinesen haben Makramee gekannt, sie nannten es nur ganz anders. Die ältesten bekannten Arbeiten sind zwar schon über tausend Jahre alt, aber die kleinen Figürchen der alten Chinesen sehen so aus wie die Scoubidou-Anhänger, die wir heute knüpfen. Das tollste bei den Chinesen war, dass sie in ihre Figürchen immer einen guten Wunsch hineingeknotet haben. Und den haben sie dann ihrem besten Freund geschenkt. Scoubidou ist also nur eine neue Variante dieses uralten Hobbys. Der Name wurde vor ein paar Jahren in Frankreich erfunden. Im Unterschied zu den Kordeln aus Hanf, Sisal oder Lederschnüren, die man für Makramee verwendet, gibt es für Scoubidou eine Riesenauswahl an Gummischnüren. Das kunstvolle Knotenknüpfen ist heute bunter als je zuvor, und Scoubidou ist nicht nur eines der ältesten, sondern inzwischen eines der beliebtesten Hobbys der Welt.

## Wie funktioniert Scoubidou?

Auch die schwierigste Arbeit setzt sich aus ganz einfachen Grundknoten zusammen. Grundsätzlich gibt es zwei verschiedene Knoten: rund und eckig. Alle anderen Knoten sind nur Unterformen oder Erweiterungen dieser beiden Grundformen. Du kannst Rundknoten aus zwei, drei, vier, sechs, acht oder noch mehr Einzelschnüren knüpfen, die Grundschritte sind immer dieselben. Genauso ist es mit dem eckigen Knoten: Je nach Anzahl der Schnüre wird der Strick quadratisch oder rechteckig, aber die Schritte bleiben gleich. Mit diesen beiden Grundformen, den bunten Schnüren, Draht, Klebstoff, einigem Zubehör und wenigen Werkzeugen kannst du alle Figuren herstellen, die du in diesem Heft findest. Scoubi und Dou, unsere beiden Scoubidou-Fans, beschreiben jeden Schritt ganz genau, und die Bilder zeigen dir, wie alles aussieht. Auf den Seiten -Tipps und Tricks- zeigen wir dir ein paar nützliche Kniffe, mit denen die Arbeit leichter fällt und warnen dich vor Gefahren. Wenn du sie gelesen hast, kann`s los gehen. Du wirst sehen, es ist einfacher als es aussieht, du wirst von Knoten zu Knoten immer geschickter und das allerwichtigste: Scoubidou macht Riesenspaß. Los geht`s!

# Werkzeug

Die allerwichtigsten Werkzeuge, die du für Scoubidou brauchst, sind deine Hände: Je weiter du mit den Händen kommst, desto geschickter wirst du mit der Zeit. Aber manchmal brauchst du noch ein paar zusätzliche Werkzeuge und Hilfsmittel. Auf dieser Seite sind sie abgebildet, und du kannst nachlesen, wozu du sie brauchst.

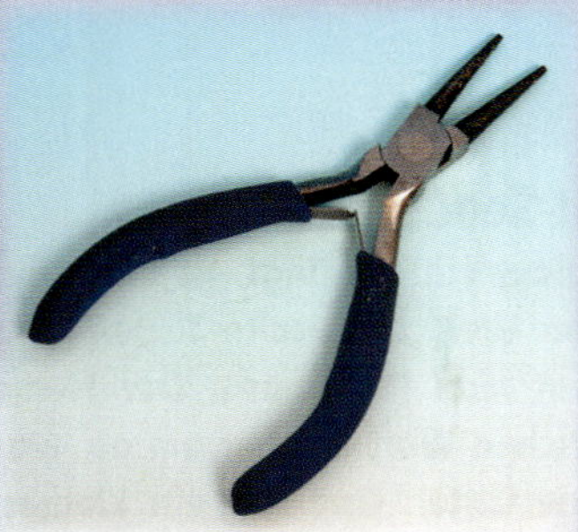

**Rundspitz-Zange**
Die Rundspitz-Zange brauchst du, um runde Drahtösen zu biegen.

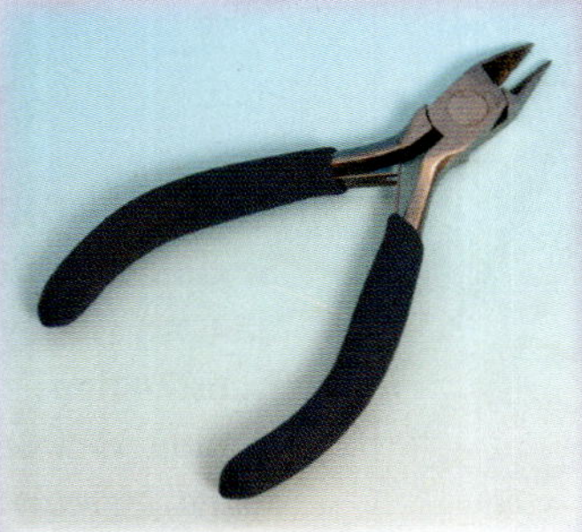

**Seitenschneider**
Den Seitenschneider benötigst du, um Drähte zu schneiden.

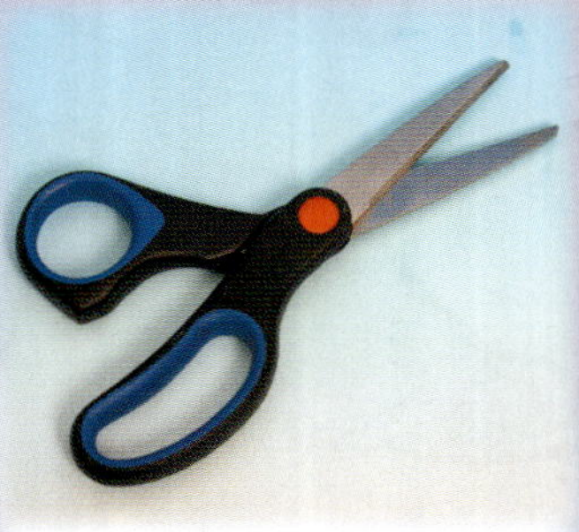

**Schere**
Mit der Schere schneidest du die Scoubidou-Bänder.

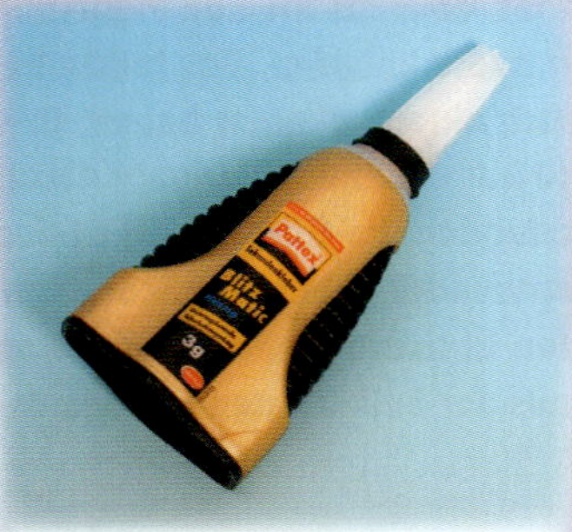

**Sekundenkleber**
brauchst du gelegentlich: Zum Sichern von Knoten, Schmuckperlen usw...

**Wasserfeste Filzstifte**
Damit kannst du deinen Scoubidou-Figuren ein Gesicht malen.

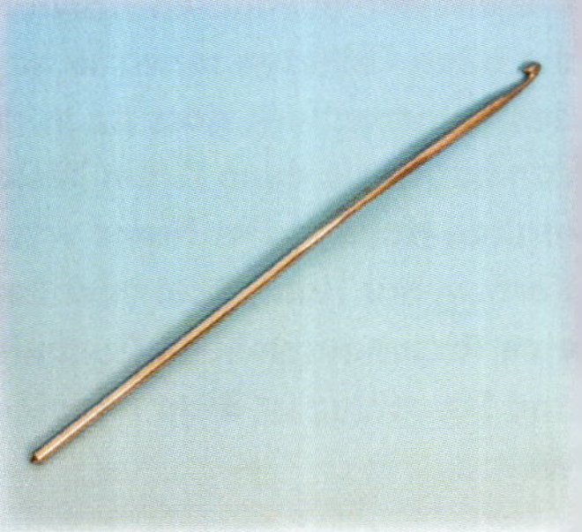

**Häkelnadel**
Zum Lockern fertiger Knoten und zum Anknüpfen weiterer Schnüre.

**Bleistift**
Der Bleistift dient Dir zum Einarbeiten von Löchern.

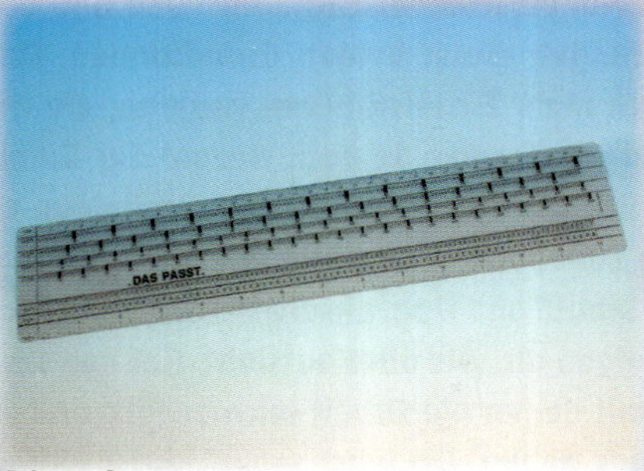


**Lineal**
Um Längen zu kontrollieren, kannst Du Knoten zählen oder nachmessen.

# Bastelzubehör

Auf dieser Seite siehst du, was du zum Scoubidou-Basteln an Material brauchst. Für die ersten Knoten genügen ein paar bunte Schnüre, aber je geübter du bist, desto umfangreicher wird auch das Material, das du verarbeiten kannst. Alle abgebildeten Artikel bekommst du im Bastelladen; dort kann man dir auch helfen, wenn du mal nicht weiterkommst.

**Scoubidou-Schnüre**
Ohne die geht es nicht ;-)

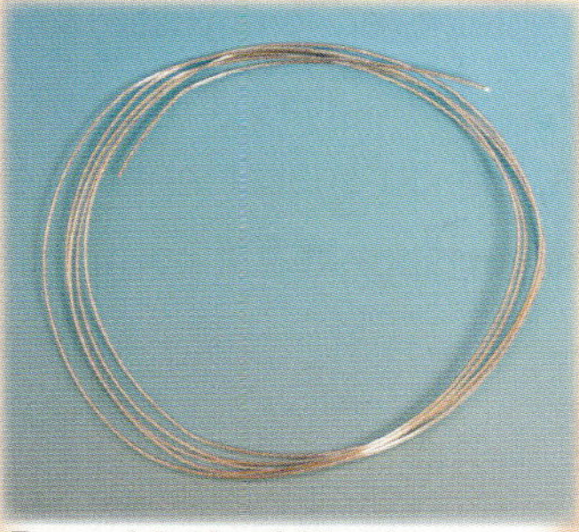

**Basteldraht (dünn)**
Den dünnen Draht führst du in die Scoubidou-Schnüre ein.

**Basteldraht (dick)**
Den dicken Draht kannst du mit Scoubidou-Schnüren umknüpfen.

**Große Perlen**
Daraus wird mit zwei Augen und einem gemalten Mund ein Gesicht.

**Kleine Perlen**
Die kannst du in Bänder einknüpfen.

**Diverse Schmuckteile**
Mit den Metallösen kannst du sie an jeden Knoten anhängen.

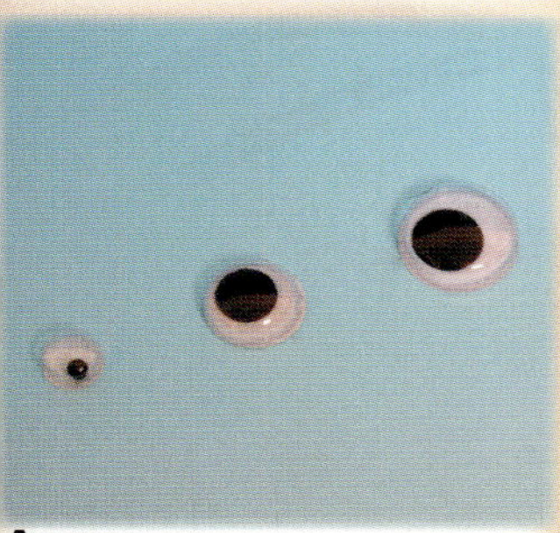

**Augen**
So gibst du deinen Scoubidou-Figuren Durchblick.

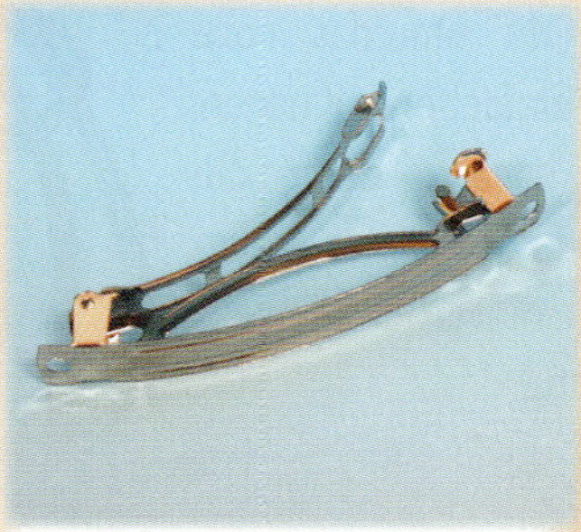

**Haarklammer**
Damit wird aus einem Scoubidou eine bildhübsche Haarspange.

**Krokodilklemme, Ohrringe, Schmuckanhänger**

# Rundknoten mit zwei Schnüren

Scoubidou sieht manchmal kompliziert aus, aber wenn du die verschiedenen Grundknoten kannst, ist der Rest ein Kinderspiel. Der leichteste Knoten ist der „runde Knoten". mit zwei Schnüren. Mit ihm kannst du kräftige Schnüre knoten, die du später entweder als Anhänger benutzt, oder die Ausgangspunkt für kompliziertere Scoubidous sind.

**1**

Für den runden Knoten brauchst du zwei Bänder. In unserem Beispiel sind es ein blaues und ein rotes. Lege sie parallel nebeneinander, führe alle vier Enden zusammen und bestimme so die Mitte der Bänder.

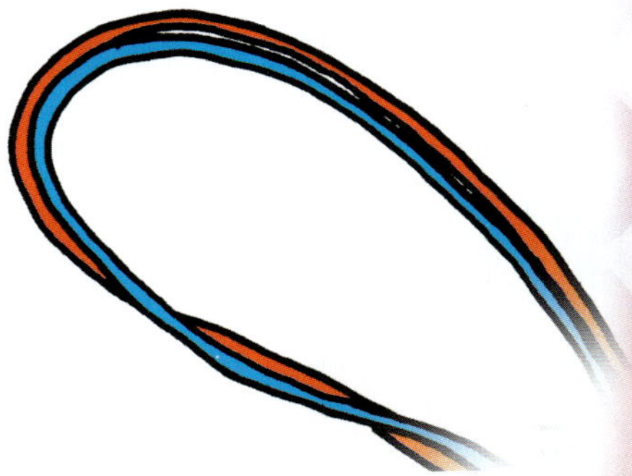

**2**

Mit dem blauen Band machst du um das rote einen einfachen Knoten. Achte darauf, dass die beiden Enden eines jeden Bandes hinterher jeweils gleich lang sind.

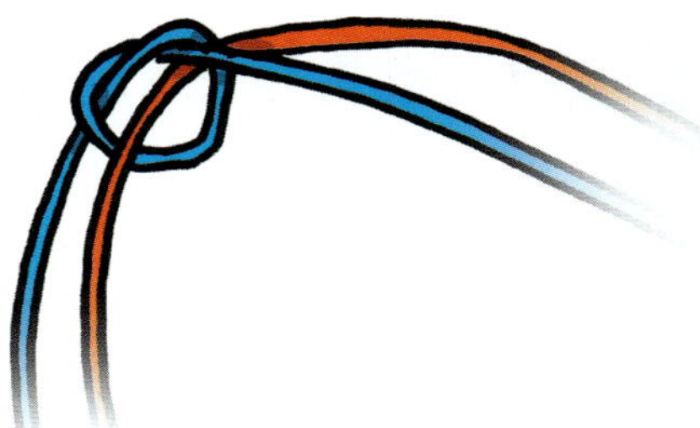

**3**

Damit der Knoten lange hält, musst du ihn richtig fest zuziehen.

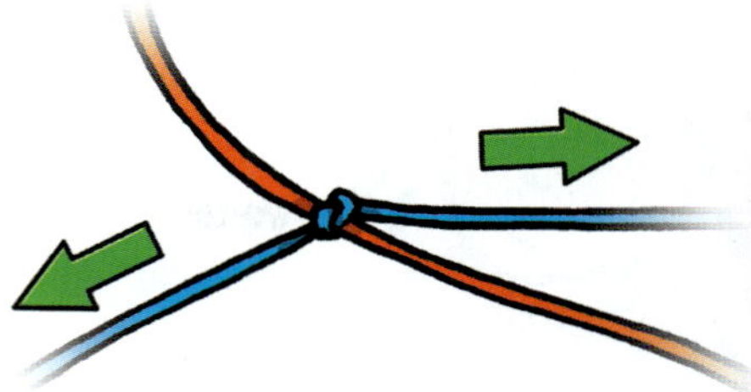

**4**

Nun legst du das blaue, geknotete Band in zwei Schlaufen über das rote. Das sieht aus wie der Buchstabe „S“.

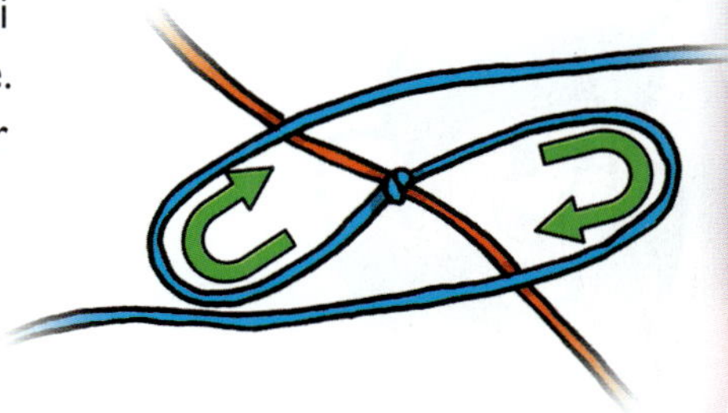

**5**

Nimm zuerst das obere Ende der roten Schnur und hebe es nach rechts über das obere Ende der blauen Schnur. Dann führst du die rote Schnur weiter von oben her durch die rechte untere Schlaufe der blauen Schnur.

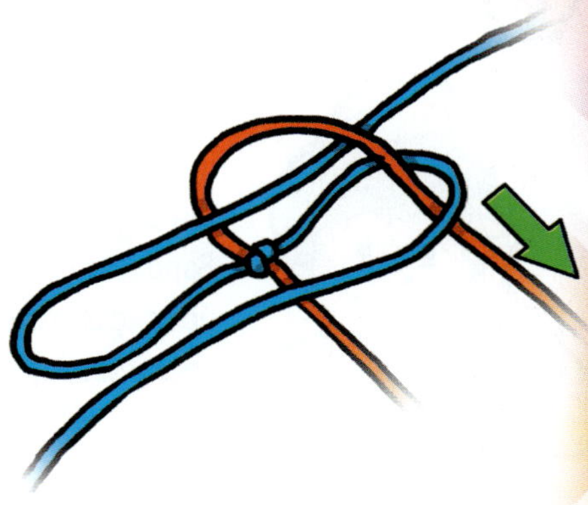

## 6

Mach mit dem unteren Ende der roten Schnur das gleiche: Anheben, nach links über das untere Ende der blauen Schnur führen, von oben in die linke obere Schlaufe hinein. Es muss aussehen wie ein lockeres Gitter.

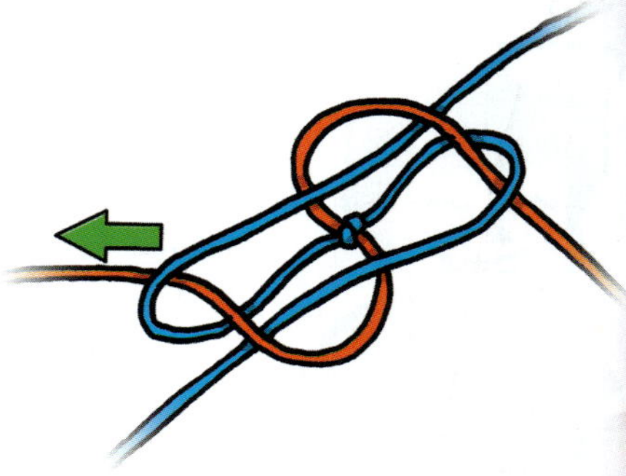

## 7

Wenn du jetzt an allen vier Enden ziehst, schließt sich der erste runde Knoten.

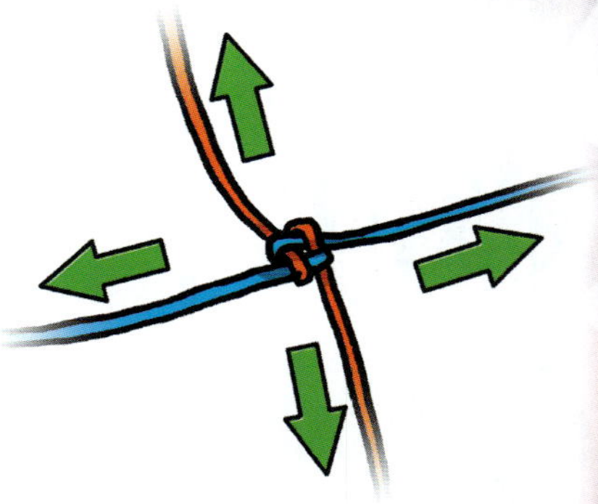

## 8

Nun gut aufpassen: Jetzt kommt der gleiche Knoten in umgekehrter Richtung. Du legst wieder das blaue Band in zwei Schlaufen über das rote. Das sieht aber jetzt aus wie ein etwas rundes „Z“.

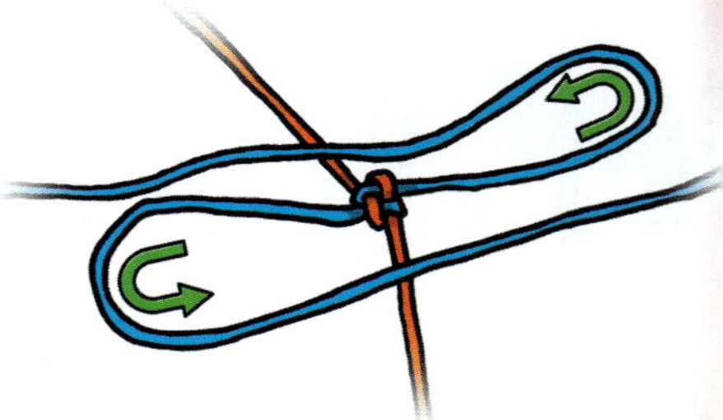

## 9

Nimm wieder das obere Ende der roten Schnur und hebe es nach links über das obere Ende der blauen Schnur. Dann führst du die rote Schur weiter von oben her durch die linke untere Schlaufe der blauen Schnur.

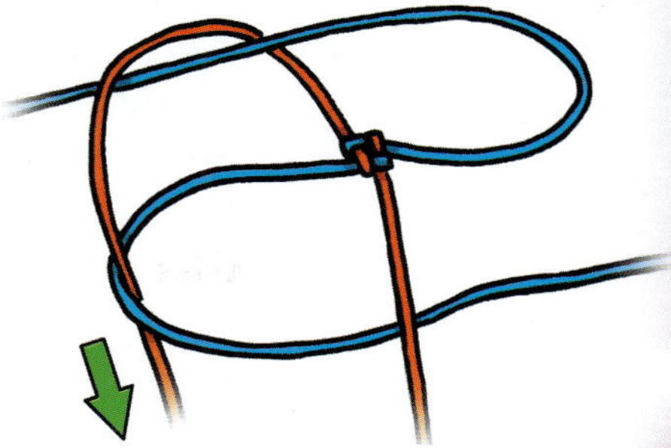

## 10

Mach mit dem unteren Ende der roten Schnur das gleiche: Anheben, nach rechts über das untere Ende der blauen Schnur führen, von oben in die rechte obere Schlaufe hinein. Und da ist es wieder, das kleine Gitter.

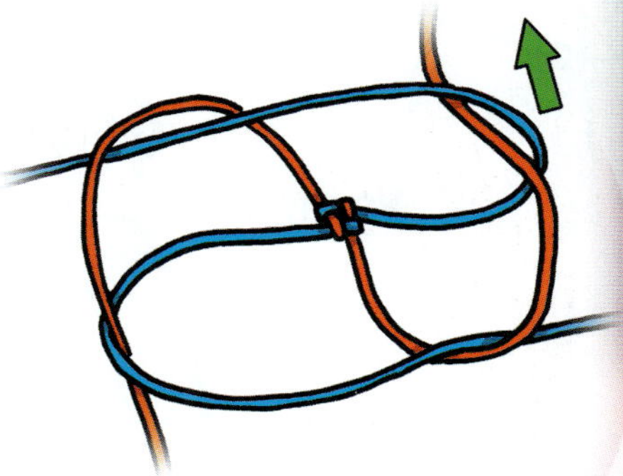

## 11

Ziehe jetzt alle vier Enden fest zu und fertig ist bereits der zweite Knoten. Nun wiederholst du einfach alle Schritte von Punkt 4 bis Punkt 9 so lange, bis deine geknotete Schnur wenigstens 10 cm lang ist.

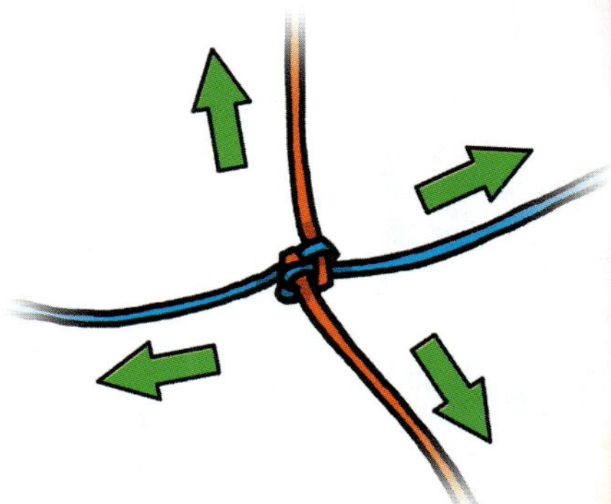

# Rundknoten mit zwei Schnüren über den Daumen

Der Knoten ist der selbe wie der, der nicht über den Daumen geknotet wird. Wir stellen dir nur eine Variante vor. Finde selbst heraus, mit welcher Technik du besser zurecht kommst.

1

Zuerst musst du wieder die Mitte der beiden Schnüre bestimmen.

**2**

Nimm die beiden Schnüre kreuzweise zwischen Daumen und Zeigefinger der linken Hand.
Dabei soll die gelbe Schnur von oben nach unten, die grüne von rechts nach links verlaufen.

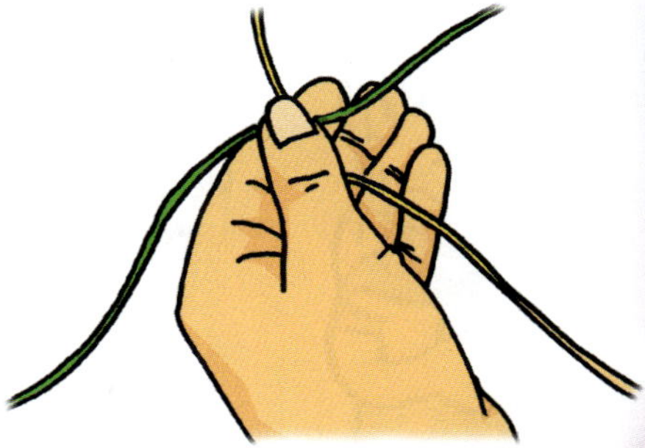

**3**

Jetzt kommt dein Daumen ins Spiel: Nimm das linke Ende der grünen Schnur, ziehe es über den Daumen und klemme es zwischen Ring- und kleinem Finger fest.

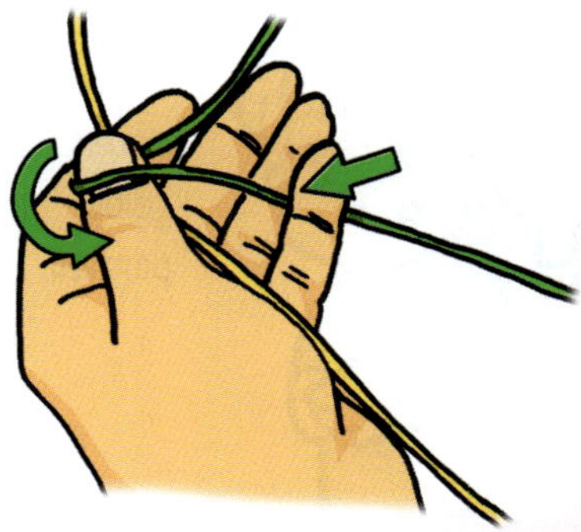

**4**

Nun ziehe die rechte grüne Schnur nach unten.

**5**

Dann hebst du die untere gelbe Schnur über die beiden grünen hinweg und klemmst sie fest.

**6**

Als nächstes ziehst du die obere gelbe Schnur nach unten, nun verlaufen je eine gelbe und grüne Schnur paralell.

**7**

Jetzt hebst du die untere grüne Schnur über die gelbe und ziehst sie ebenfalls zwischen Ring- und kleinem Finger hindurch.

**8**

Vorsicht! Nun musst du aufpassen: Die letzte freie gelbe Schnur führst du von oben durch die grüne Schlaufe hindurch.

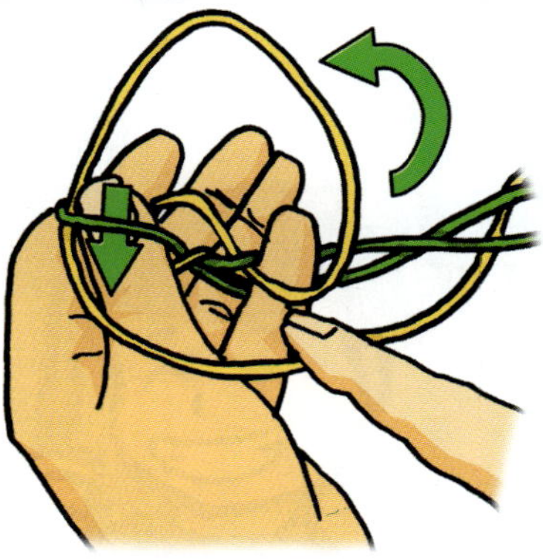

**9**

Zuletzt musst du alle vier Enden nach außen ziehen und den Knoten schließen.

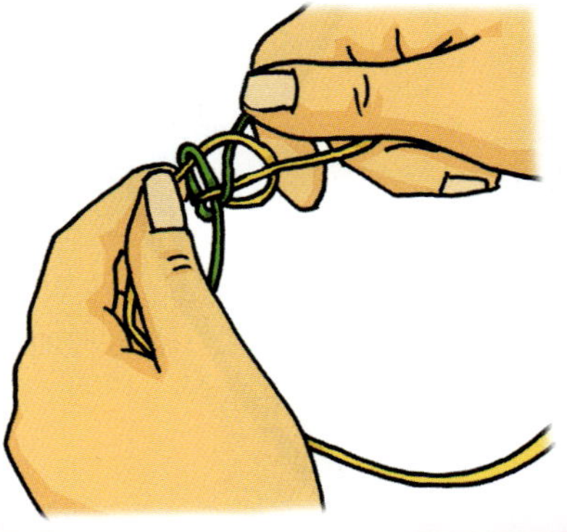

**10**

Du machst mit den Schritten 3 bis 10 so lange weiter, bis der Strick die gewünschte Länge hat.

# Rundknoten mit drei Schnüren

Diese Technik nennt sich Rundknoten mit drei Schnüren.

Für kürzere Stricke kannst du aber auch mit zwei halbierten Schnüren arbeiten.

1

Du beginnst, indem du die Mitte des roten Bandes findest.

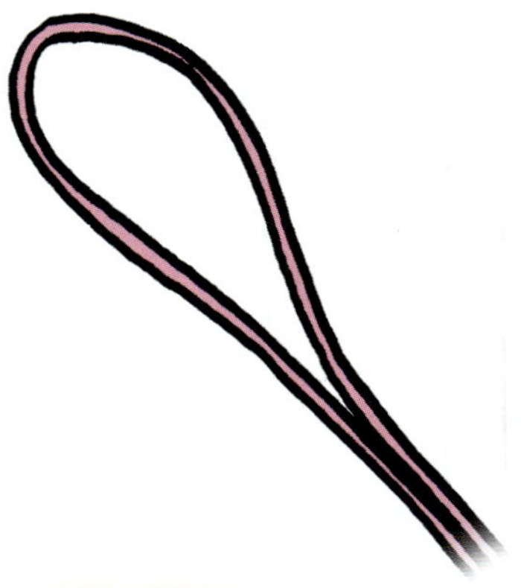

2

Danach knotest du die grüne Schnur so um die rote, dass diese eine kleine Schlaufe bildet.

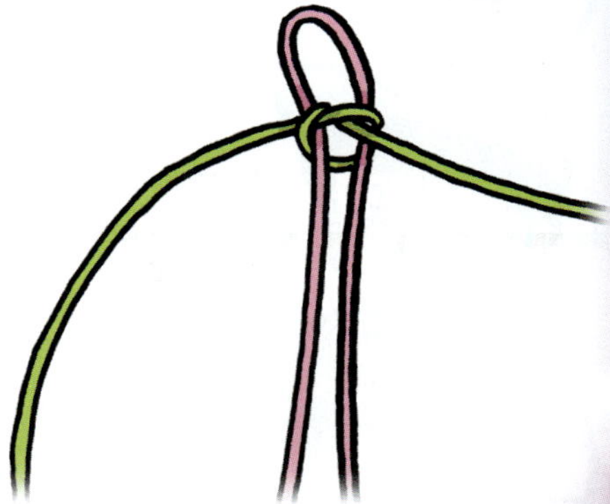

3

Ziehe den Knoten fest zu und achte darauf, dass die beiden Enden der grünen Schnur etwa gleichlang sind.

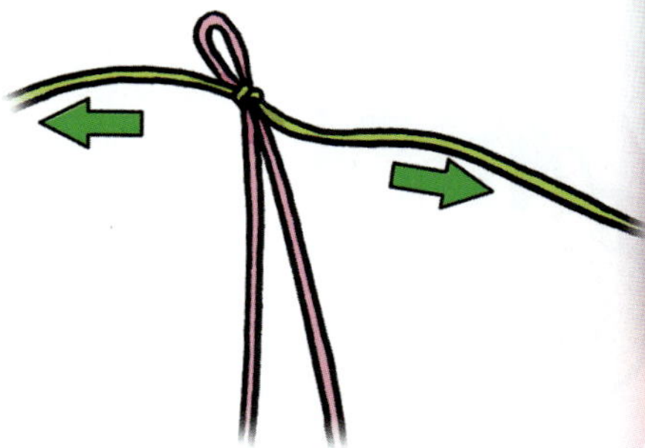

4

Nun schneidest du ein Ende der roten Schnur ab. Damit sich die Schlaufe nicht ungewollt öffnet, solltest du nicht nah am Knoten schneiden; lasse etwa 1 cm stehen.

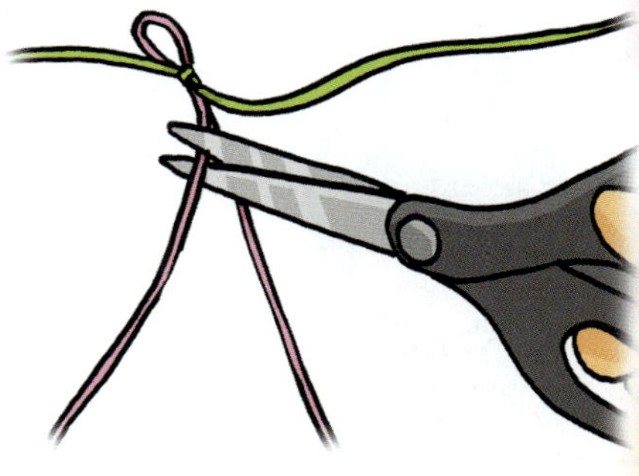

## 5

Halte nun den Knoten so, dass die grüne Schnur nach rechts und links, die rote nach oben zeigt.

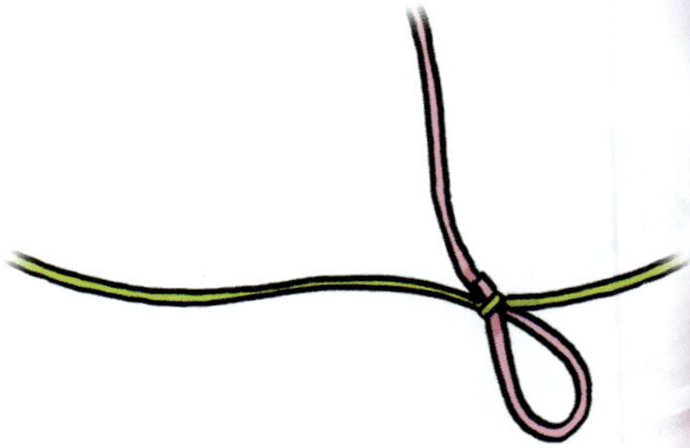

## 6

Als nächstes schlägst du die rote Schnur nach unten über die grüne und bildest eine zweite, etwas größere Schlaufe.

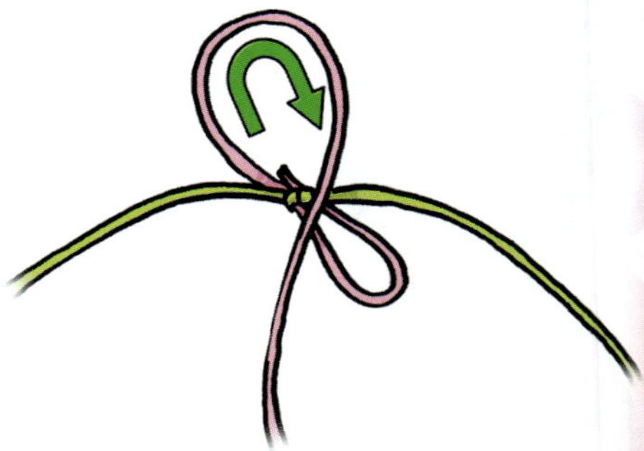

## 7

Lege die rechte grüne Schnur über die rote und die linke grüne Schnur nach links oben.

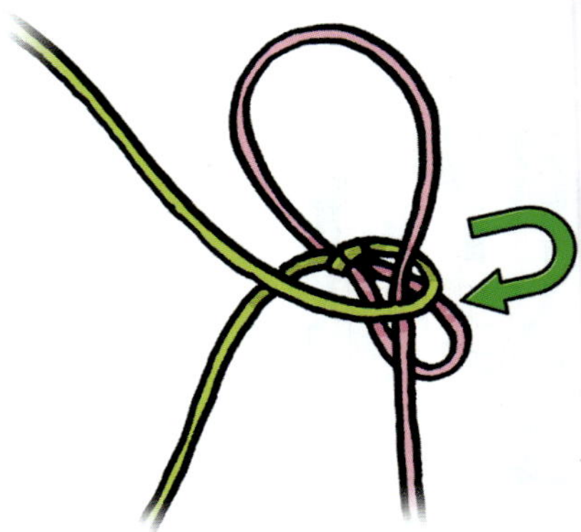

## 8

Nun liegen beide grünen Schnüre links. Führe die untere grüne über die obere grüne Schnur und durch die rote Schlaufe hindurch.

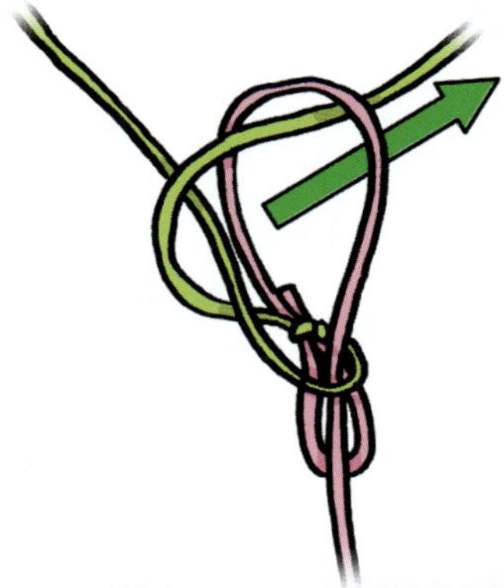

## 9

Wenn du jetzt die drei Enden auseinanderziehst, schließt sich der erste Knoten. Geschafft – nach dem Muster der Schritte 6 bis 9 kannst du nun weiterknoten.

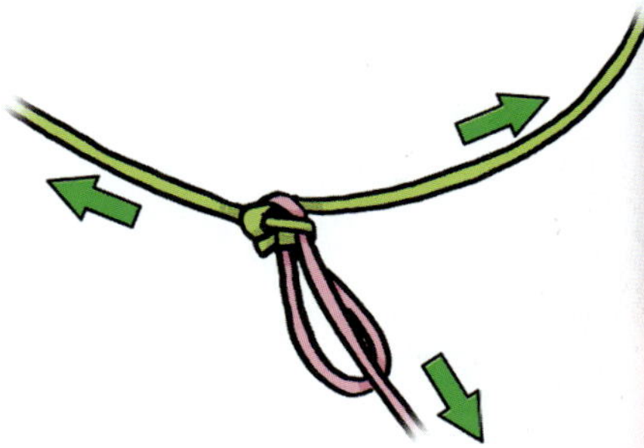

## 10

Ungefähr 20 Knoten ergeben bereits eine recht beachtliche grüne Schnur, durch die sich ein roter Streifen zieht.

# Rundknoten mit vier Schnüren über den Daumen

Der Rundknoten mit vier Schnüren ist genauso aufgebaut wie der mit zwei Schnüren, der fertige Strick ist aber bunter.

1

So sieht der fertige Strick aus, wenn du ihn mit vier verschiedenen Schnüren knüpfst.
Zuerst musst du die vier Schnüre zusammenknoten. In unserem Beispiel nemen wir die Farben rot, gelb, grün und blau.

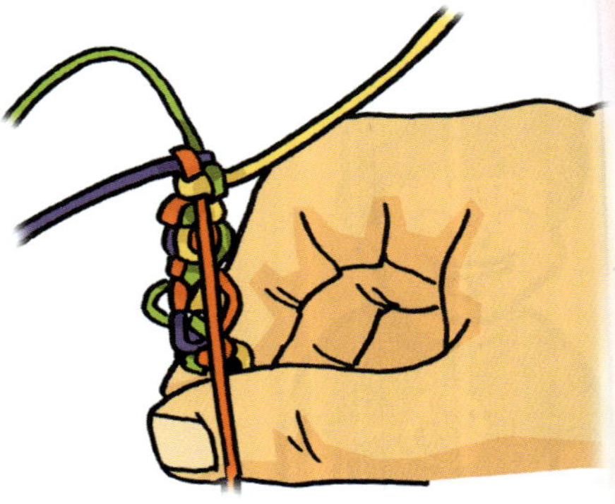

2

Den Knoten nimmst du zwischen Zeigefinger und Ringfinger in die Hand: grün oben, gelb rechts, rot unten und blau links.

3

Nun legst du die blaue Schnur über den Daumen nach rechts und klemmst sie zwischen Ring- und kleinem Finger.

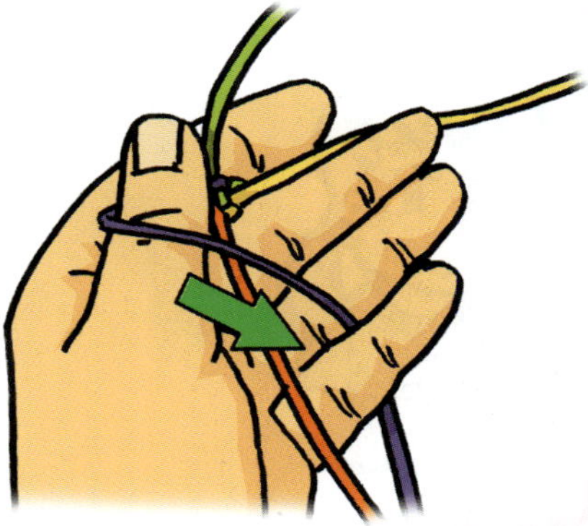

4

Die gelbe Schnur legst du ebenfalls nach unten.

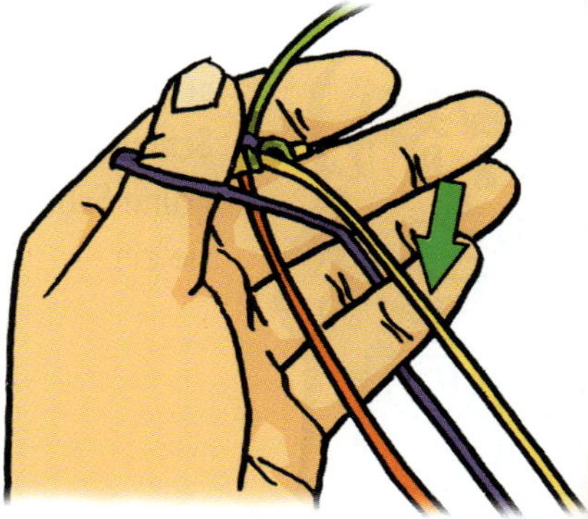

## 5

Jetzt hebst du die rote über die gelbe Schnur und klemmst sie ebenfalls ein.

## 6

Als nächstes legst du die grüne Schnur nach unten.

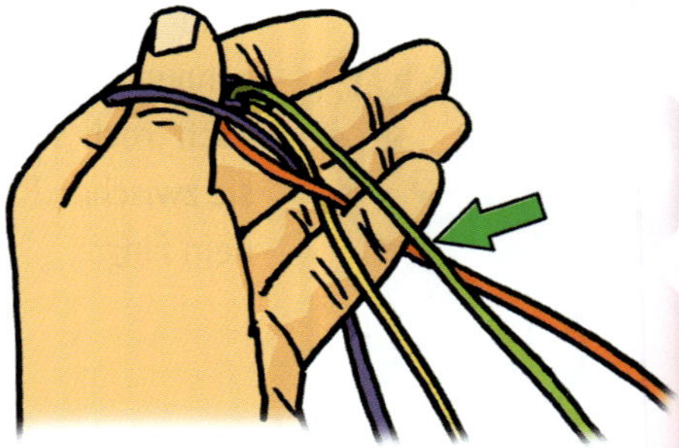

## 7

Vorsicht! Nun musst du aufpassen: Die freie gelbe Schnur führst du über die grüne Schnur und klemmst sie ein.

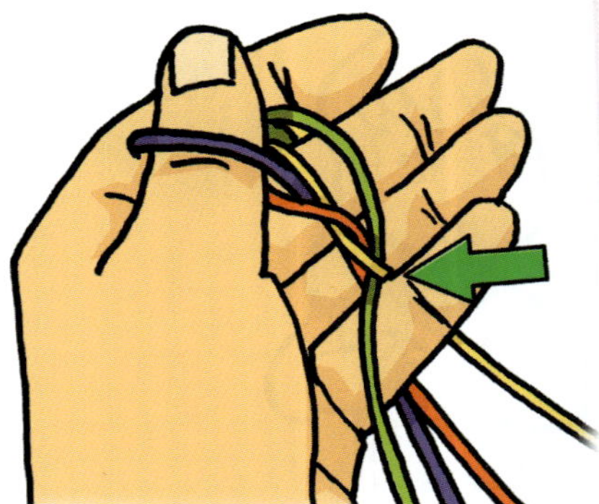

## 8

Zuletzt musst du die grüne Schnur von oben in die blaue Schlaufe schieben. Sieht sehr verwirrend aus, nicht wahr?

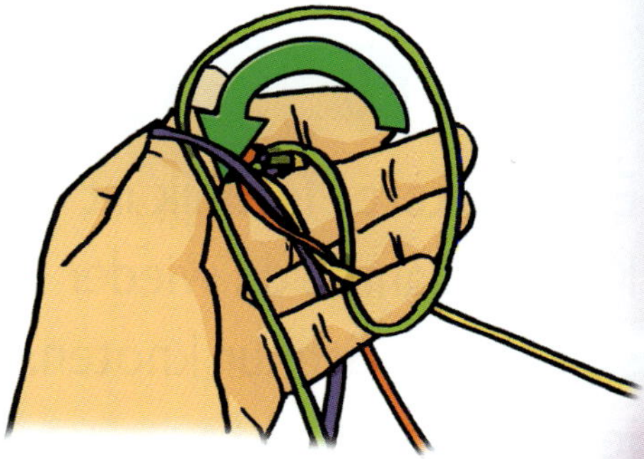

## 9

Ziehe jetzt alle vier Schnüre nach außen und schließe den Knoten.

## 10

Wiederhole die Schritte 3 bis 9 so oft, bis du die gewünschte Länge erreicht hast. Nach fünf Knoten sieht der Strick etwa so aus.

# Eckiger Knoten mit zwei Schnüren

Eine weitere Technik ist der „eckige Knoten". Auch mit diesem Knoten kannst du wieder eine kräftige und, wie der Name schon sagt, eckige Schnur knoten. Die gegenüberliegenden Seiten haben jeweils die selbe Farbe und der Knoten sieht von oben aus, wie ein Quadrat mit Karo-Muster.

1

Du beginnst, indem du die Mitte der blauen und der gelben Schnur findest.

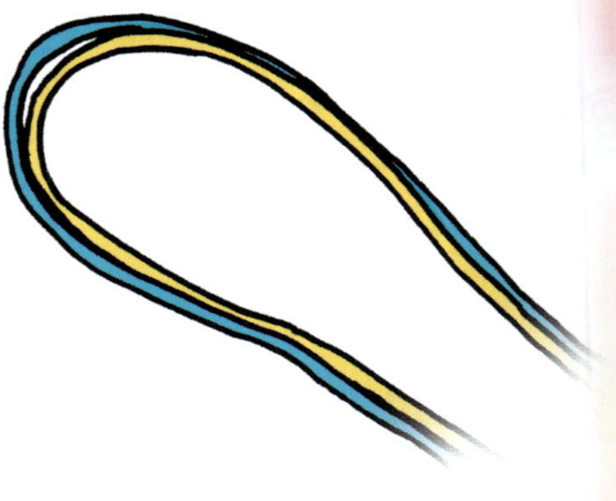

2

Jetzt bildest du eine Doppelschlaufe. Die Größe der Schlaufe bestimmst du selbst. Nun verknotest du die beiden Schnüre wie abgebildet und ziehst den Knoten fest.

3

Halte die verknoteten Schnüre so zwischen Daumen und Mittelfinger der linken Hand, dass die Schlaufe nach unten zeigt.

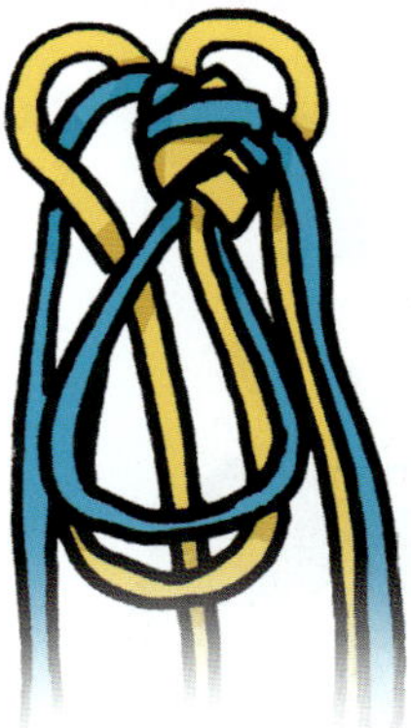

4

Lege die Schnüre so, dass sie wie in der Abbildung liegen. Das heisst die zwei blauen Schnüre nach rechts und links, die zwei gelben Schnüre nach vorn und nach hinten.

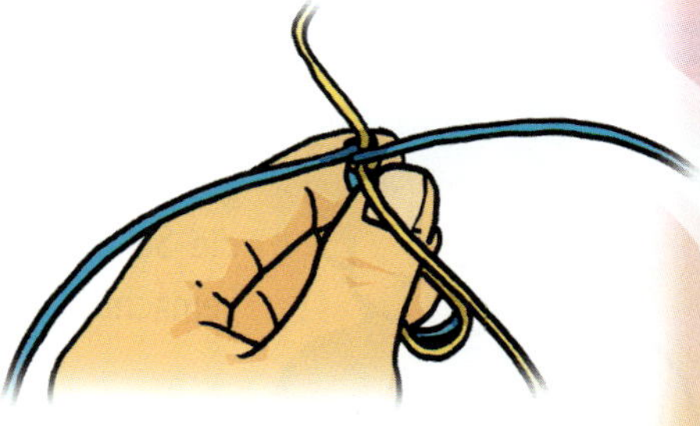

## 5

Lege die gelbe Schnur, die zu dir zeigt, nach hinten, so dass eine Schlaufe entsteht. Achte aber darauf, dass du die andere gelbe Schnur nicht überkreuzt.

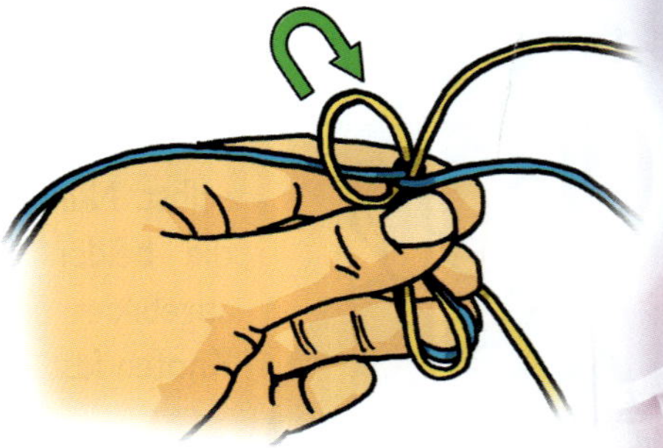

## 6

Nun nimmst du die gelbe Schnur, die von dir weg zeigt, und legst sie wie abgebildet nach vorn.

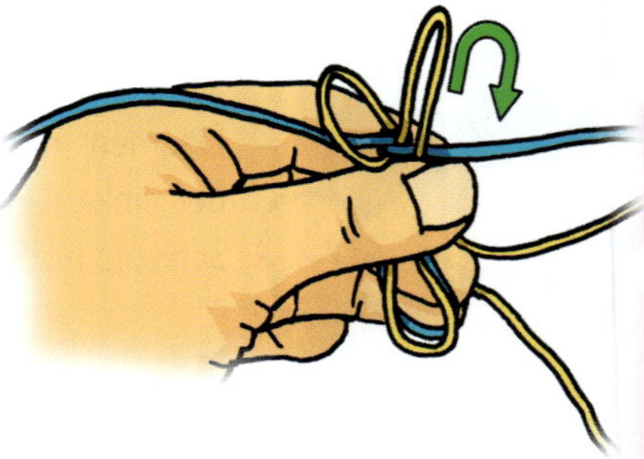

## 7

Als nächstes nimmst du die rechte blaue Schnur und führst sie durch die linke gelbe Schlaufe, also durch die Schlaufe, die du zuerst gemacht hast.

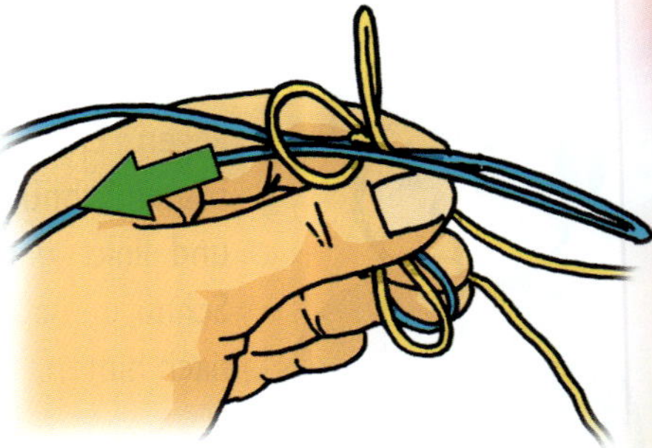

8

Die linke blaue Schnur führst du nun durch die rechte gelbe Schlaufe.

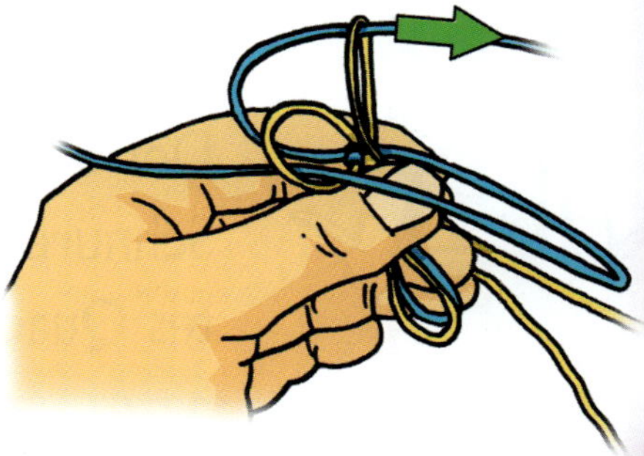

9

Halte die Enden in alle vier Richtungen. Ziehst du die vier Enden nach außen, dann schließt sich der Knoten, der von oben quadratisch und wie ein Karomuster aussieht. Puh!

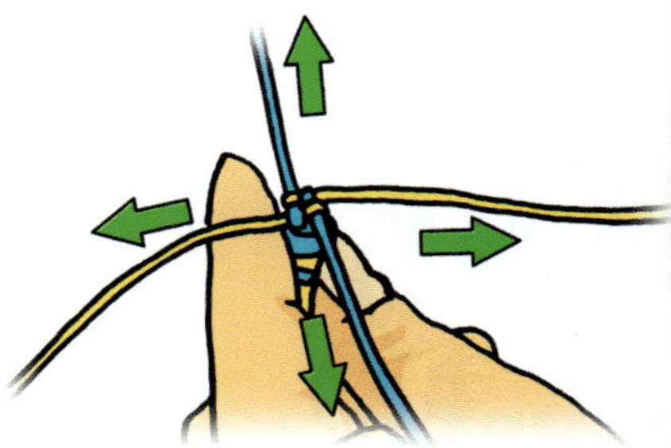

10

Der Rest ist nun ganz einfach, denn jetzt fängst du wieder bei Schritt 4 an. Du bildest mit den gelben Schnüren zwei Schlaufen, steckst die zwei blauen Schnüre durch usw...

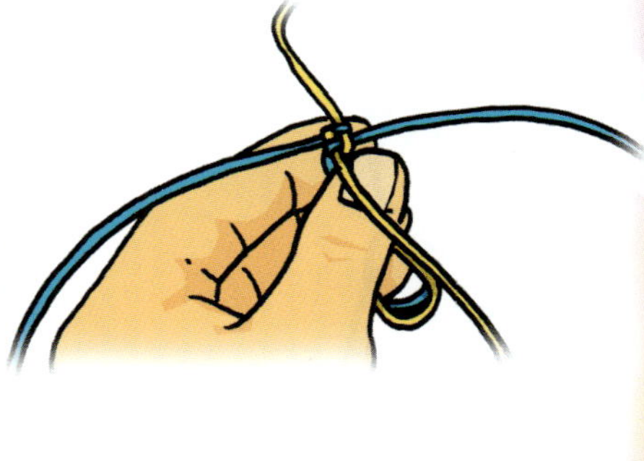

# Eckiger Knoten mit drei Schnüren

Der eckige Knoten mit zwei halbierten Schnüren sieht von oben aus wie ein kariertes Quadrat. Nun kommt eine weitere Schnur hinzu, und der Knoten wird breiter.

1

Nimm eine gelbe, eine blaue und eine rote Schnur, und finde die Mitte.

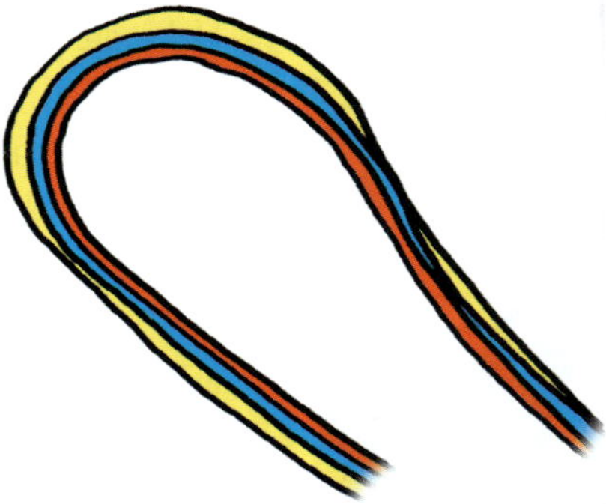

2

Die gelbe und blaue Schnur bindest du mit der roten in ihrer Mitte zusammen

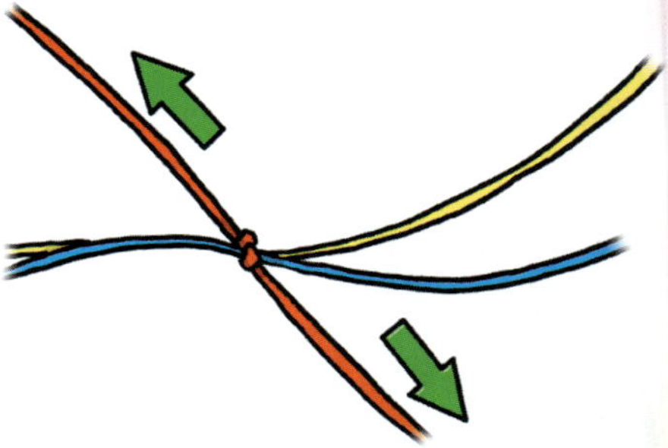

**3**

Ordne die sechs Schnurenden ähnlich an, wie beim eckigen Knoten mit zwei Schnüren: rot nach oben und unten, gelb oben rechts und links, blau unten rechts und links.

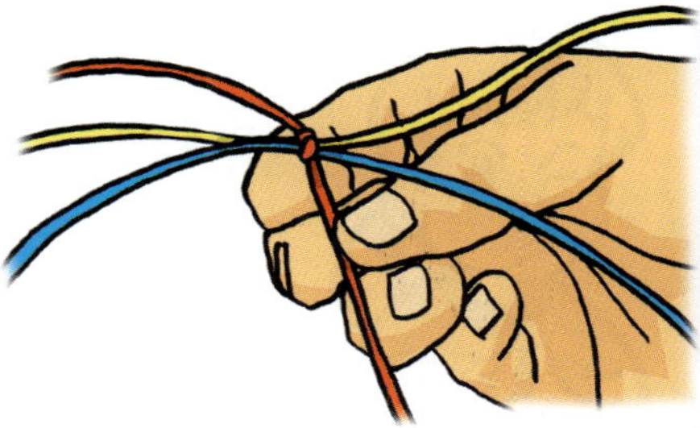

**4**

Auch das Knüpfen beginnt wie beim einfachen eckigen Knoten: Das hintere rote Ende legst du in einer Schlaufe nach vorne...

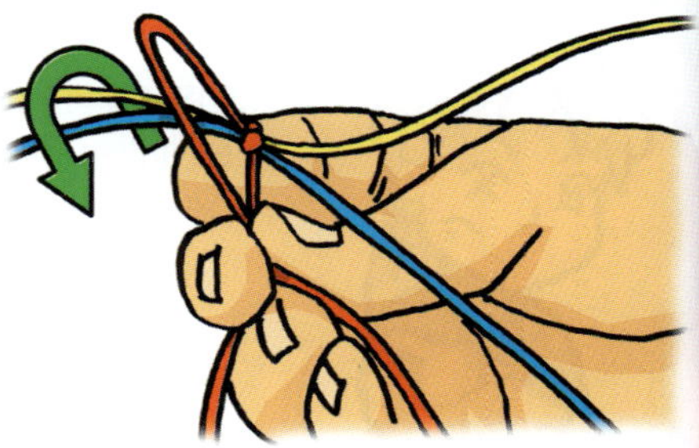

**5**

...und das vordere rote Ende ebenso nach hinten.

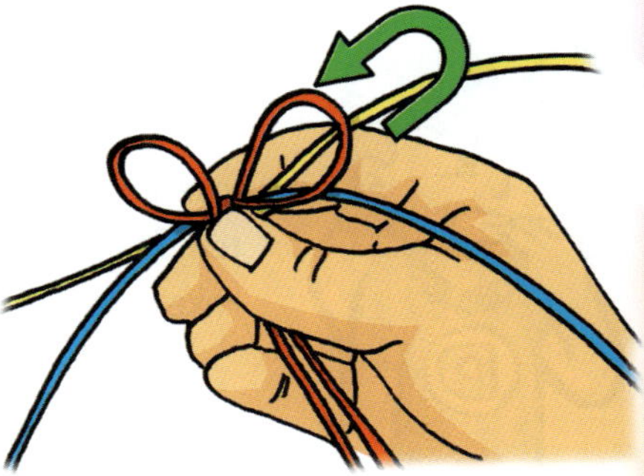

**6**

Nun ziehst du das rechte gelbe Ende um das lose Ende der rechten roten Schlaufe herum in die linke rote Schlaufe.

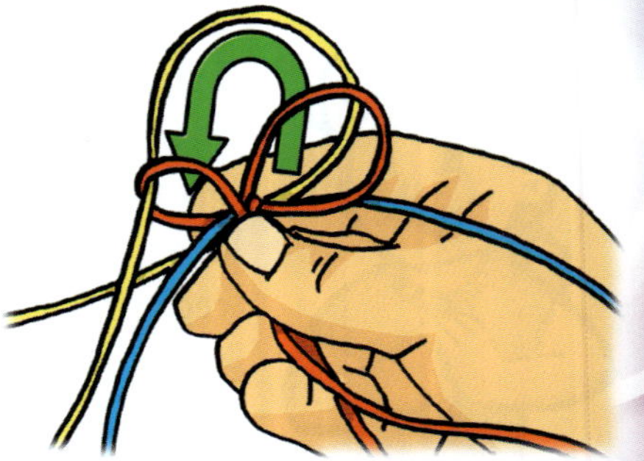

**7**

Mit dem linken gelben Ende gehst du um das lose Ende der linken Schlaufe herum in die rechte rote Schlaufe.

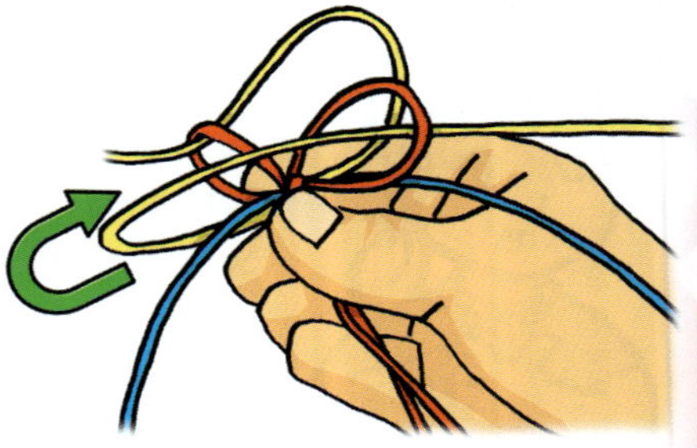

**8**

Mit der blauen Schnur machst du dasselbe: das rechte blaue Ende um das lose Ende der rechten roten Schlaufe herum in die linke rote Schlaufe...

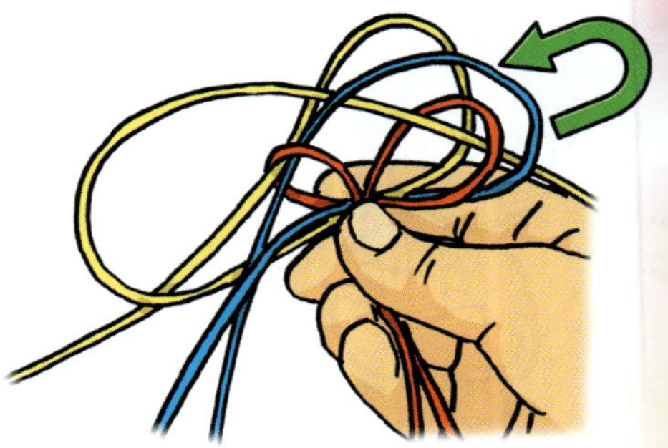

## 9

...und das linke blaue Ende um das lose Ende der linken Schlaufe herum in die rechte rote Schlaufe. Puh, das sieht ganz schön verwickelt aus, aber wenn du gleich den Knoten zuziehst, wird alles klar.

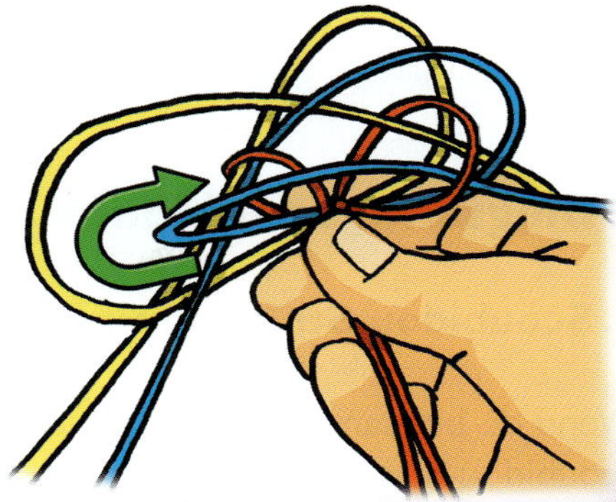

## 10

Jetzt kommen die Enden nämlich wieder genauso aus dem Knoten heraus, wie sie vorher lagen. Rot ist oben und unten, gelb oben rechts und links und blau unten rechts und links.

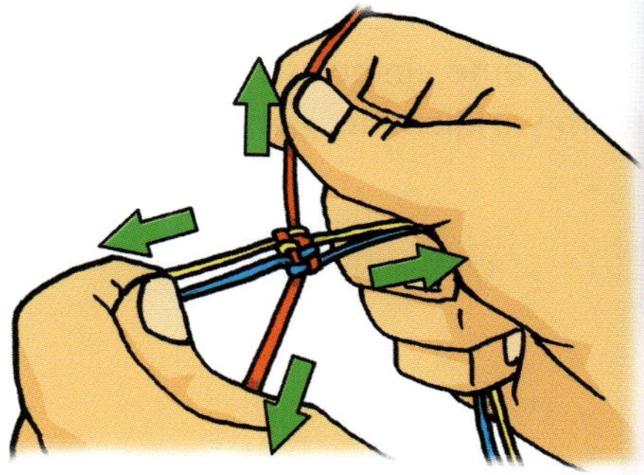

## 11

Wenn sich die Schnüre übereinandergelegt haben sollten, kannst du mit Hilfe einer Häkelnadel die Enden noch etwas richten.
Wiederhole die Schritte 4 bis 10, bis der Strick die gewünschte Länge hat.

# Tipps und Tricks

## I. Biegsame Scoubidous

### 1. Scoubidou-Stränge mit Drahteinlage

Wenn du biegsame Schnüre brauchst, die ihre Form behalten, kannst du in die bunten Scoubidou-Stränge dünnen Basteldraht hineinschieben.

Während du den Draht in die Schnur einführst, kann er sich an seiner Spitze leicht verhaken. Achte deshalb darauf, dass die Spitze möglichst rund ist. Sollte sich beim Abknipsen eine Kante gebildet haben, kannst du sie mit einer Nagelfeile leicht entfernen. Wenn du den Draht außerdem vor dem Einführen mit ganz wenig Schmierfett oder Handcreme einfettest, lässt er sich viel leichter durch die Schnur schieben. Aber bitte nimm wirklich nur ganz wenig Fett!

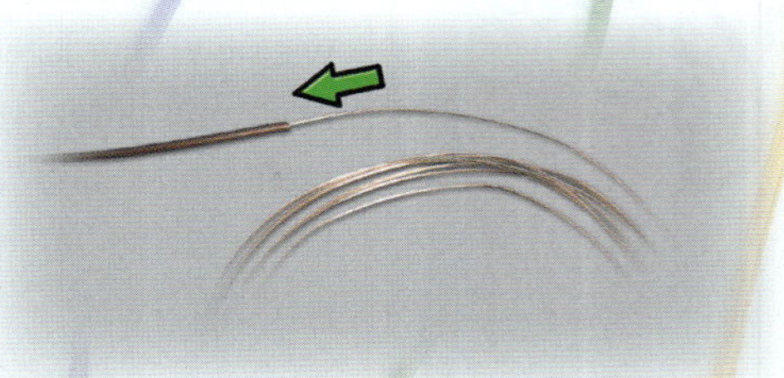

### 2. Figuren mit einer dicken Drahteinlage

Es gibt noch eine weitere Möglichkeit, biegsame Figuren herzustellen. Hierfür verwendest du den dicken Basteldraht, den wir am Heftanfang vorgestellt haben. Bevor du den zweiten Knoten eines Stranges fest zuziehst, steckst du ein Stück dicken Basteldraht mit einem Ende dazwischen. Alle weiteren Knoten machst du um den Draht herum. So erhältst du am Ende eine Figur, die aussieht wie unser Drache den du in alle Richtungen biegen kannst. Die Länge der Drahteinlage bestimmst du selbst. Sie hängt von der Länge der Figur ab, die du herstellen möchtest.

## II. Fixieren

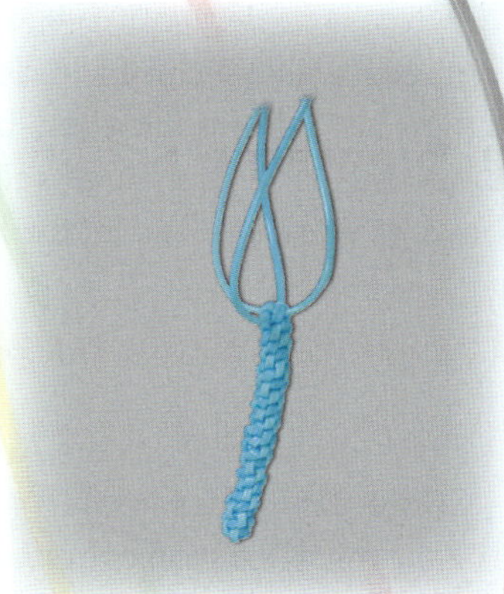

Wenn ein Strang die gewünschte Länge erreicht hat, knüpfst du den letzten Knoten. Nun gibt es verschiedene Möglichkeiten, diesen letzten Knoten so zu fixieren, dass er sich nicht mehr ungewollt öffnen kann. Wenn du eine Perle in ein Loch steckst, solltest du sie ebenfalls fixieren, damit sie nicht herausfällt. Hierfür gibt es verschiedene Wege.

### 1. Kleben mit Sekundenkleber

Du kannst einen Tropfen Sekundenkleber auf das Ende fließen lassen. Sekundenkleber hat den Vorteil, dass er sehr schnell trocknet. Allerdings hat er auch einen Nachteil: Wenn er trocken ist, ist er ganz hart und spröde. Für Stellen, die später noch bewegt oder gedehnt werden, ist er daher ungeeignet. Beispielsweise in einem Armband. Dort kann der trockene Sekundenkleber brechen, seine Klebekraft verlieren und der Knoten kann wieder aufgehen. Aber Vorsicht: Klebstoff, vor allem Sekundenkleber, ist nicht ungefährlich. Beachte deshalb die folgenden, wichtigen Sicherheitsvorkehrungen:

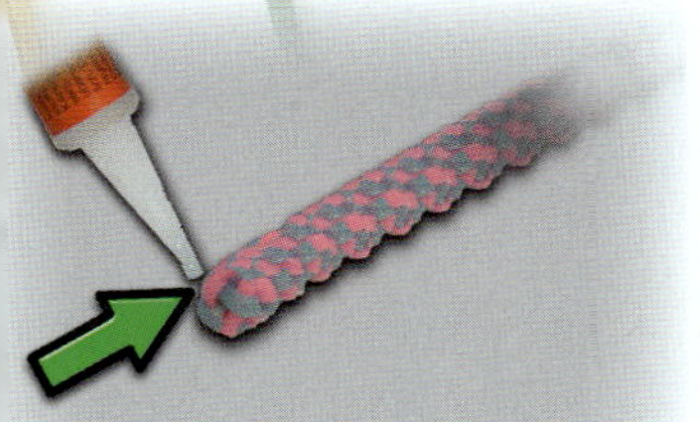

– Trage den Sekundenkleber nie direkt aus der Flasche auf! Denn so kannst du die Menge nicht bestimmen, die aus der Flasche herausläuft. Lasse ein wenig Sekundenkleber auf eine Untertasse laufen und trage den Kleber tropfenweise mit einer Nadel oder einem Stück Draht auf die gewünschte Stelle auf. Wenn der Kleber auf der Untertasse hart geworden ist, kratzt du ihn einfach mit einem Messer ab.

– Wenn du Klebstoff an den Fingerspitzen hast, wasche sofort gründlich deine Hände!

– Wenn du aus Versehen zwei Fingerkuppen miteinander verklebt hast, darfst du die Fingerspitzen nicht mit Gewalt auseinander reißen! Leichte Knetbewegungen lassen den spröden Kleber langsam zerbröckeln und geben die Fingerkuppen wieder frei.

## 2. Kleben mit UHU-Allplast

Besser ist für solche Fälle der Kunststoffkleber UHU-Allplast. Er braucht zwar sehr viel länger als Sekundenkleber, bis er trocken ist, aber er bleibt auch im trockenen Zustand biegsam. Daher behält er seine Klebekraft auch bei Armbändern, die noch gedehnt oder bewegt werden: Der letzte Knoten bleibt zu, die Perle im Loch fällt nicht heraus.

### Für alle Klebstoffe gilt große Vorsicht:

– Fasse dir niemals in die Augen, während du mit Klebstoff arbeitest!
– Sorge dafür, dass immer genügend Frischluft im Zimmer ist, während du längere Zeit mit Klebstoff arbeitest. Halte das Fenster leicht geöffnet!

## 3. Verschweißen

Nicht ganz ungefährlich ist das Fixieren mit Hitze. Um einen Knoten vor dem Aufgehen zu schützen, kannst du ihn verschweißen. Hierfür brauchst du eine Kerze oder ein Feuerzeug. Über der Flamme machst du die Klinge eines Taschenmessers heiß und drückst mit der heißen Klinge auf das Ende des letzten Knotens. Die Hitze schmilzt den Kunststoff.

## Für das Arbeiten mit Feuer gilt große Vorsicht:

- Arbeite mit Kerze oder Feuerzeug nur, wenn ein Erwachsener mit dabei ist!
- Halte die Scoubidou-Stränge niemals direkt an die offene Flamme!
- Arbeite immer über der Tischplatte, damit keine heißen Teile oder Tropfen auf deine Beine fallen!
- Blase die Kerze sofort aus, wenn du fertig bist! Eine brennende Kerze darf nie unbeaufsichtigt im Raum stehen!
- Wenn du dich dennoch verbrannt hast, halte die verbrannte Stelle sofort unter fließendes kaltes Wasser und rufe einen Erwachsenen zur Hilfe!

## III. Knoten weiten mit der Häkelnadel

Manchmal möchtest du an einen fertigen Strang etwas ansetzen, eine neue Schur oder eine Öse oder Ähnliches. Hierzu musst du einen Knoten etwas lockern, um eine Schnur oder Öse durchziehen zu können. Dazu brauchst du eine Häkelnadel, mit der du in den Knoten hineingehst und die Schnur so weit zu einer kleinen Schlaufe herausziehst, dass die Öse oder die neue Schnur hindurchpassen.

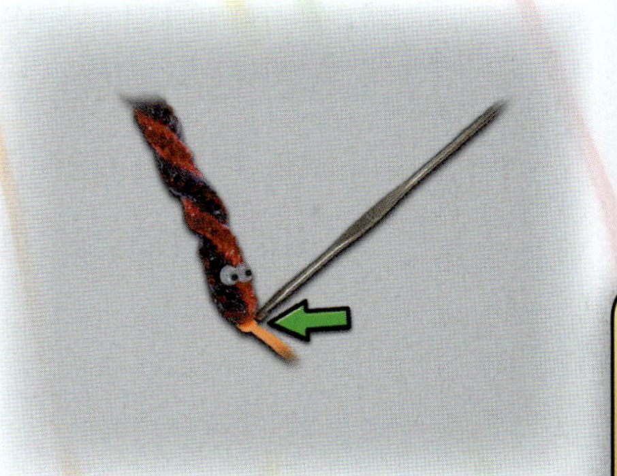

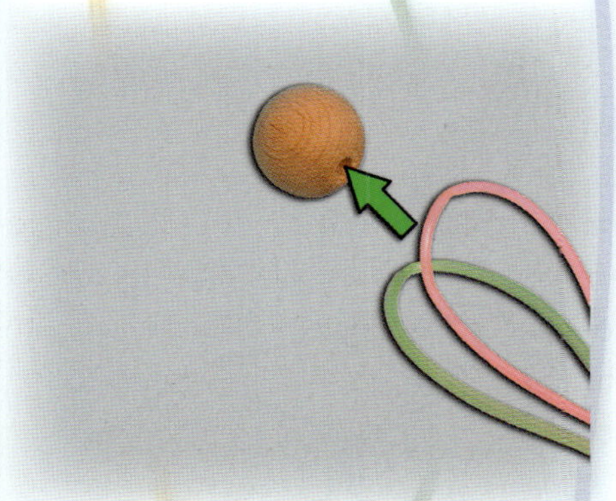

## IV. Löcher weiten mit der Schere

Wenn das Loch einer Holzkugel zu eng ist, um zwei oder mehrere Enden einer Schnur durch zu drehen, kannst du es mit der spitzen Schneide der Schere vorsichtig weiten.

# Löcher einknüpfen

Zum Herstellen eines Loches benötigst du nichts weiter als einen ganz normalen Bleistift aus Holz, der hat nämlich genau den richtigen Durchmesser für das gewünschte Loch.

**1**

Das Lochknüpfen zeigen wir dir anhand der Technik „Rundknoten mit drei Schnüren“, es funktioniert aber auch mit eckigen Knoten und bei vier oder mehr Schnüren genauso. Verknote die drei Schnüre.

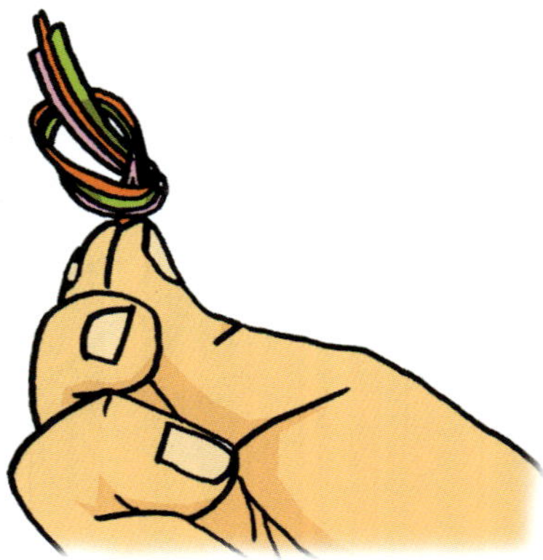

## 2

Halte nun den Knoten so, dass die rote Schnur nach links, die gelbe nach oben und die grüne nach rechts zeigt.

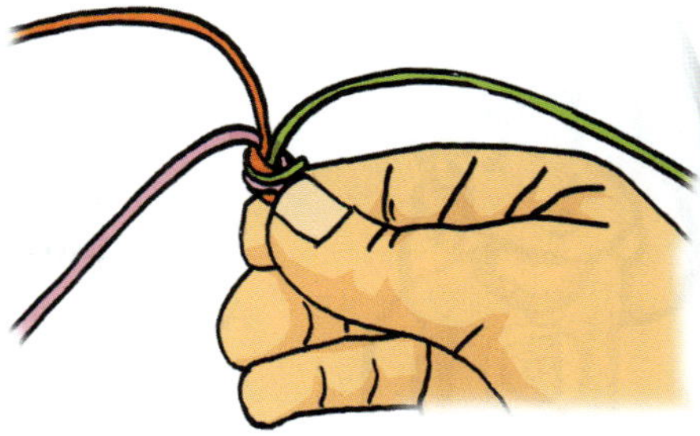

## 3

Als nächstes schlägst du die gelbe Schnur nach unten und bildest eine Schlaufe.

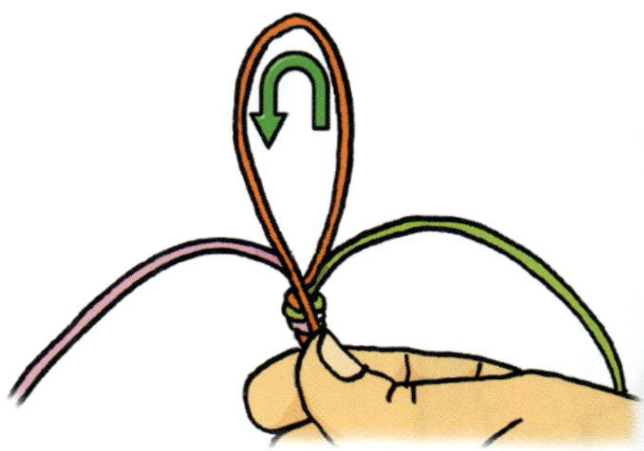

## 4

Die grüne Schnur führst du anschließend über die gelbe und rote Schnur und klemmst sie zwischen zwei Fingern fest.

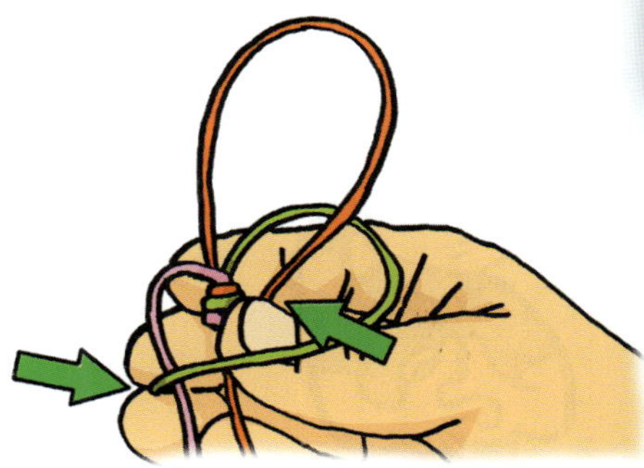

**5**

Jetzt führst du die rote Schnur nach oben durch die gelbe Schlaufe, ziehst alle Schnüre nach außen und schließt den Knoten.
Auf diese Weise knüpfst du beliebig viele Knoten, bis du ein Loch einfügen möchtest.

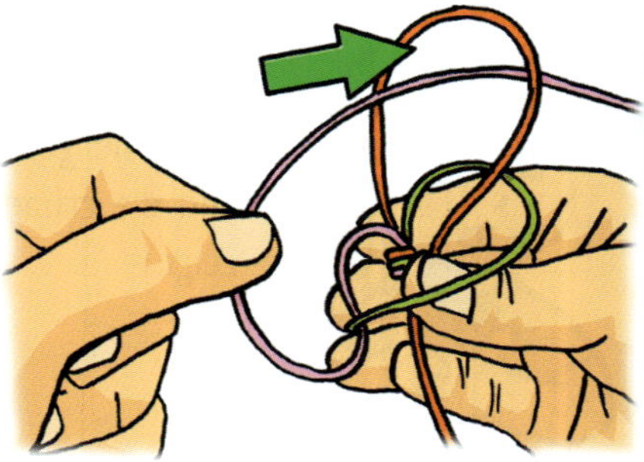

**6**

Nun legst du den Bleistift auf.

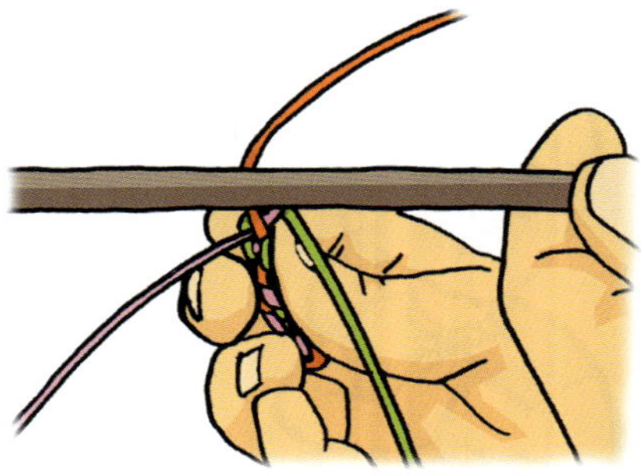

**7**

Wieder beginnst du mit einer gelben Schlaufe, die du aber nun von hinten nach vorne über den Bleistift legst.

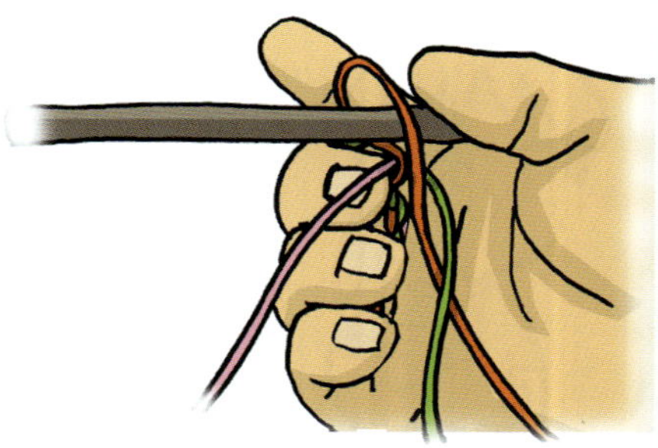

## 8

Dann schlägst du die grüne Schnur über die gelbe und rote Schnur...

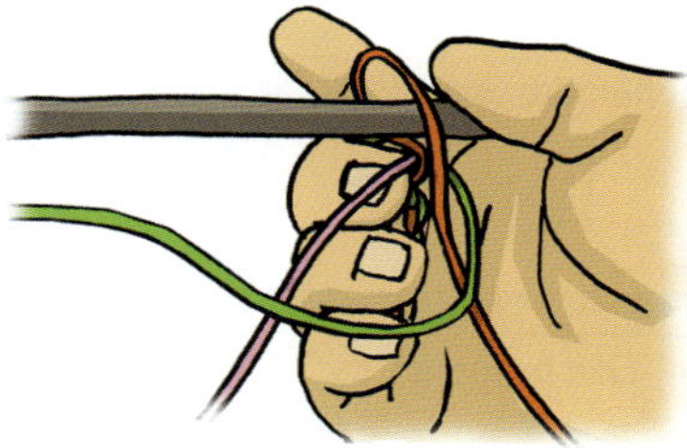

## 9

...und führst die rote Schnur nach oben durch die gelbe Schlaufe.

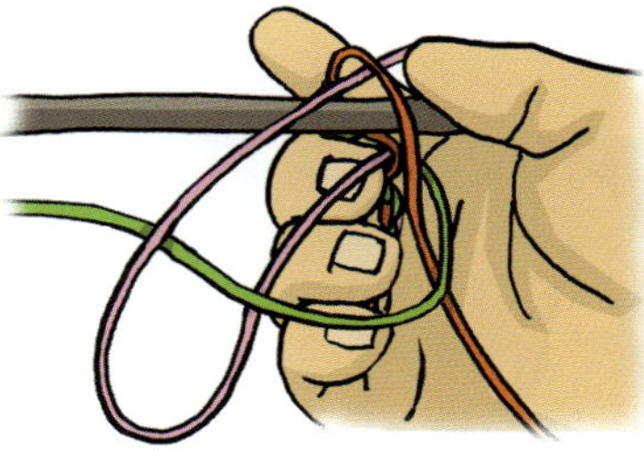

## 10

Ziehe jetzt den Knoten zu. Vor dem Herausnehmen des Bleistifts solltest du auf jeden Fall noch zwei, drei weitere Knoten machen und fest zuziehen, ansonsten würde sich das Loch beim Weiterknoten zuziehen.

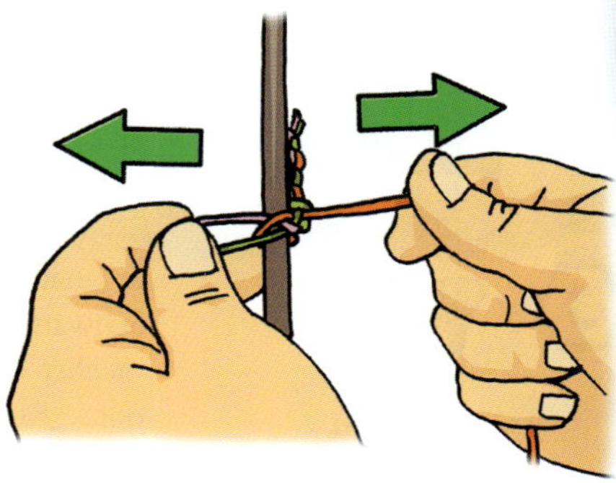

So lange brauchst du:

**20 min.**

Schwierigkeitsgrad:

**leicht**

Das brauchst du:

**Material**
- Zwei blaue Schnüre
- Zwei Augen
- Sekundenkleber

**Werkzeug**
- Bleistift

**Grundtechnik**
- „Rundknoten mit vier Schnüren“

# Fisch

Ob Goldfisch, Weißer Hai oder Moby Dick – welchen Fisch du knüpfst, hängt einzig von der Farbe, Länge und Menge der Schnüre ab. Und natürlich von deiner Geduld. Aber für den Anfang ist ein freundlicher kleiner blauer Fisch bestimmt das beste.

**1**

Nach der zuerst beschriebenen Grundtechnik „Rundknoten“ stellst du eine Schnur von mindestens 10 cm her.

**2**

Dann knüpfst du ein Loch. Das kannst du entweder mit Hilfe des Bleistifts machen (Tipps & Tricks) oder, wenn du etwas geschickter bist, direkt um den gebogenen Strick herum.

**3**

Je nachdem, wie lange der Schwanz des Fisches sein soll, machst du weitere Knoten nach der Rundknotentechnik und sicherst den letzten mit Sekundenkleber.

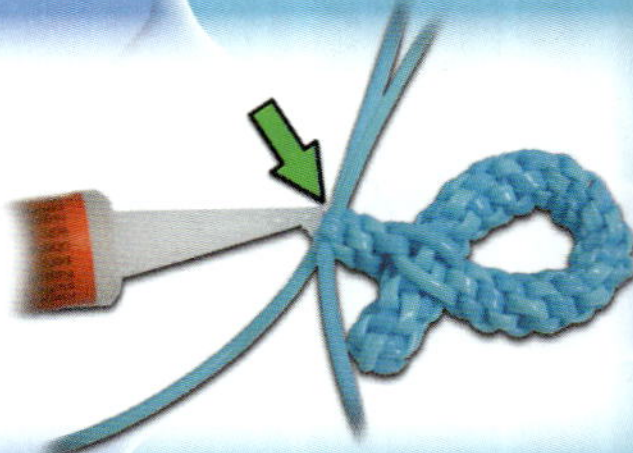

**4**

Wenn der Kleber trocken ist, kannst du die Schnurenden abschneiden.

**5**

Ein Fisch braucht natürlich auch Flossen. Hierzu ziehst du in ein etwa 10 cm langes Stück Schnur Draht ein, schneidest mit dem Seitenschneider den überstehenden Draht ab und halbierst das Stück.

**6**

Nun biegst du zwei Flossen und steckst sie auf Rücken und Brust vorsichtig in den Fisch. Sollten die Knoten zu fest sein, kannst du sie mit der Häkelnadel etwas auflockern. (Tipps & Tricks)

**7**

Damit dein Fisch etwas sehen kann, braucht er Augen. Die klebst du ihm mit Sekundenkleber rechts und links knapp oberhalb der Mitte auf.

**8**

Fertig! Nun musst du den Fisch nur noch mit in die Badewanne nehmen, damit er schwimmen lernt.

So lange brauchst du:

**20 min.**

Schwierigkeitsgrad:

**leicht**

Das brauchst du:

**Material**
- -3 Schnüre (grün, rosa, orange)
- -Beliebig viele 10 mm Perlen

**Werkzeug**
- -Bleistift
- -Sekundenkleber

**Grundtechnik**
- -„Rundknoten mit drei Schnüren“

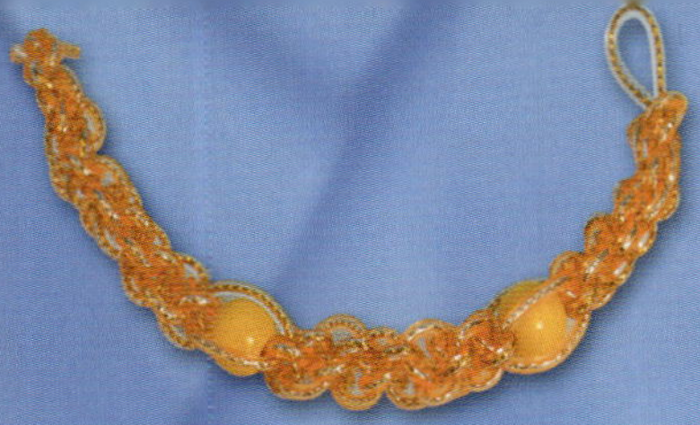

# Tuchbinder

Was wir hier als Tuchbinder beschreiben, das kannst Du natürlich beliebig verlängern. Dann wird ein Armband oder sogar eine Halskette daraus.

**1**

Die Technik „Rundknoten mit drei Schnüren“ kennst du bereits. Hier beginnst du grundsätzlich genauso, nur verwendest du nun tatsächlich drei ganze Scoubidou-Schnüre.

**2**

Knote alle drei zusammen, so dass auf der kürzeren Seite des Knotens mindestens 2 cm Schnur herausgucken. Es muss genug Material sein, um den Knoten bequem und sicher festzuhalten

**3**

Ziehe den Knoten fest und halte ihn wie auf dem Bild. Es sollte die rosafarbene Schnur nach links, die grüne nach rechts, die orangene nach vorn zeigen. Knüpfe mindestens 5 bis 6 Knoten.

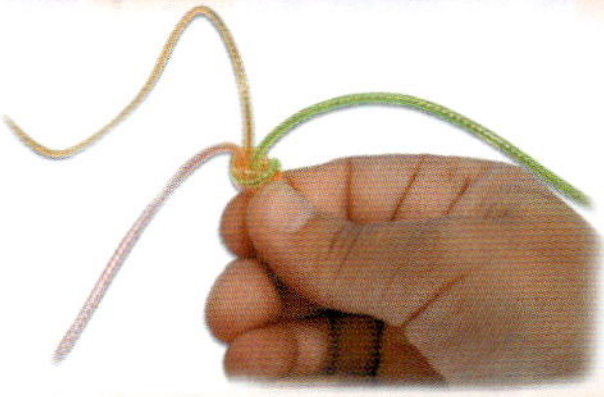

**4**

Nun kommt ein Loch für die erste Perle. Hierzu benötigst du einen Bleistift. Bilde zuerst wieder die orangefarbene Schlaufe und schiebe dann den Bleistift durch die Schlaufe.

**5**

Knüpfe um den Bleistift herum den üblichen Knoten und ziehe ihn fest. Bevor du den Bleistift herausziehst, mache mehr Knoten, damit sich die Schnüre am Loch nicht voneinander lösen.

**6**

Das wiederholst du solange, bis der Tuchbinder lang genug ist. Sichere den letzten Knoten durch Verschweißen oder mit UHU-Allplast. Wenn der Kleber trocken ist, schneide die Enden ab.

**7**

In die Löcher steckst du je eine Perle zwischen die drei Schnüre und ordnest diese um die Perlen herum gleichmäßig an.

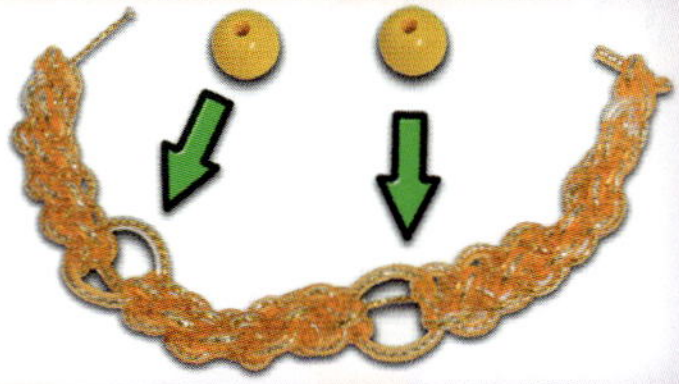

**8**

Wenn du sicher sein willst, dass die Perle nicht herausfallen kann, gebe vorsichtig an jede Schnur einen kleinen Tropfen UHU-Allplast.

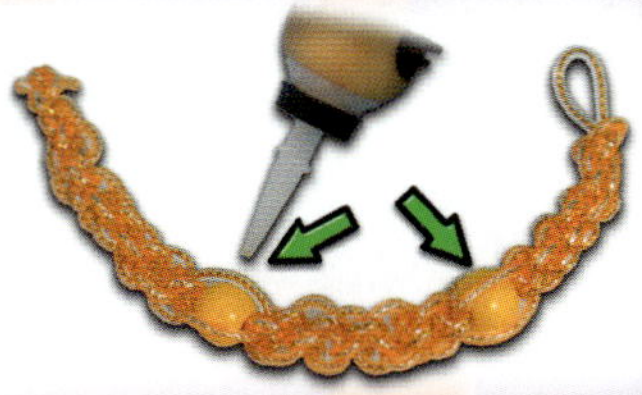

**9**

Nur das letzte Loch muss frei bleiben. Dort hängst du den Stranganfang ein, um das Armband zu verschließen. Fertig.

So lange brauchst du:

**80 min.**

Schwierigkeitsgrad:

**leicht**

# Floß

Ein Floß, wie es gestrandete Matrosen aus Baumstämmen bauen, das kannst du ganz leicht aus Scoubidou-Schnüren knüpfen. Damit fahren die Playmobil-Piraten von der Schaumberginsel übers Badewannenmeer.

Das brauchst du:

**Material**
– 9 Schnüre, je mindestens 8 cm lang

**Werkzeug**
– Eine Vogelfeder
– Sekundenkleber

**Grundtechnik**
-„Rundknoten mit drei Schnüren"

**1**

Die Technik „Rundknoten mit vier Schnüren" kennst du bereits. Damit flechtest du alle Balken für dein Floß. Zuerst die vier 8 cm langen Bodenbalken ohne Loch ...

**2**

...dann den Mast. Damit der hinterher auch aufrecht steht und den Stürmen auf dem Badewannenmeer standhält, knote die vier Schnüre dieses Stranges um einen Zahnstocher herum.

**3**

Nun kommt der Mittelbalken des Floßes an die Reihe. Um den Mast darin zu befestigen, braucht er in der Mitte ein Loch.

4

Jetzt fehlen noch die beiden Seitenbalken, die das ganze Floß zusammenhalten. Die fünf Löcher sollen im Abstand von je 3 Knoten liegen. Der Abstand des ersten und letzten Loches zum jeweiligen Strangende soll 1,5 cm betragen.

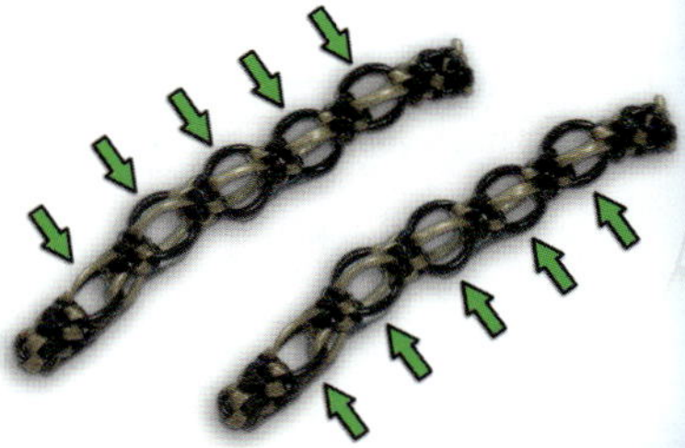

5

Wenn alle Balken fertig sind, beginnt der eigentliche Floßbau. Die vier Bodenbalken und den Mittelbalken steckst du zuerst in den einen, dann in den anderen Seitenbalken.

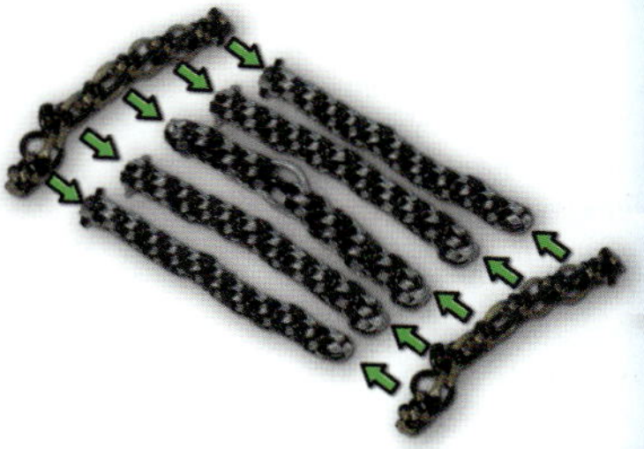

6

Der Mast kommt aufrecht in sein Loch. Wenn du sicher sein willst, dass deine Piraten bei hoher See nicht kentern, dann kannst du alle Endknoten und Verbindungsstellen mit Sekundenkleber fixieren.

7

So ein Floß wird aus den Trümmern eines gekenterten Piratenschiffes gebaut. Als Segel stecke eine Feder oben in den drittletzten Knoten des Mastes, die sieht wie ein zerfetzter Segel aus. Nun musst du nur noch Badewasser einlaufen lassen – Schiff ahoi!

So lange brauchst du:

30 min.

Schwierigkeitsgrad:

mittel

# Meerjung-frau

Das brauchst du:

**Material**
- 8 Schnüre
- Holzkugel ø 25 mm
- 2 Holzkugeln ø 8 mm
- Dicker Basteldraht
- 4 kleine Muscheln

**Werkzeug**
- Sekundenkleber
- Schere
- Wasserfeste Filzstifte

**Grundtechniken**
- „Rundknoten mit vier Schnüren“

Undine, die niedliche Meerjungfrau, lebt ganz tief unter Wasser und Menschen zeigt sie sich fast nie. Höchstens im Badewannenmeer, wenn du ganz still bist, dann taucht sie gelegentlich zwischen zwei Schaumberginseln auf, lächelt dir zu und – schwuppdiwupp – verschwindet gleich wieder unter Wasser.

1

Du bindest alle acht Schnüre mit einem dicken Knoten zusammen. Oben sollten wenigstens 4 cm Schnur überstehen

2

Nach der Technik „Rundknoten mit vier Schnüren“ beginnst du einen dicken Strang zu knüpfen. Hierbei führst du immer zwei gleichfarbige Schnüre gemeinsam

**3**

Nach etwa 4 cm steckst du den Draht in den Knoten...

**4**

...und knüpfst ihn mit derselben Technik ein.

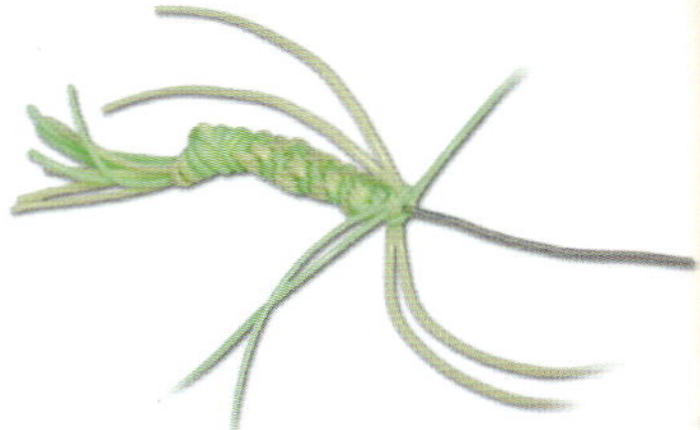

**5**

Nach etwa 5 cm schneidest du je zwei gegenüberliegende grüne und gelbe Schnüre ab. Mit den verbleibenden vier Schnüren knotest du nach derselben Technik weiter.

**6**

Weitere 3 cm später machst du den Endknoten und schneidest auch die restlichen vier Schnüre nicht zu kurz ab. Es sollten etwa noch 5 mm dranbleiben.

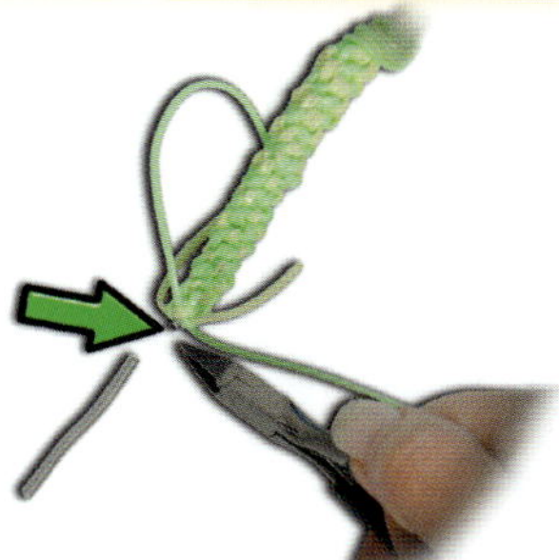

**7**

Den Endknoten sicherst du mit Sekundenkleber

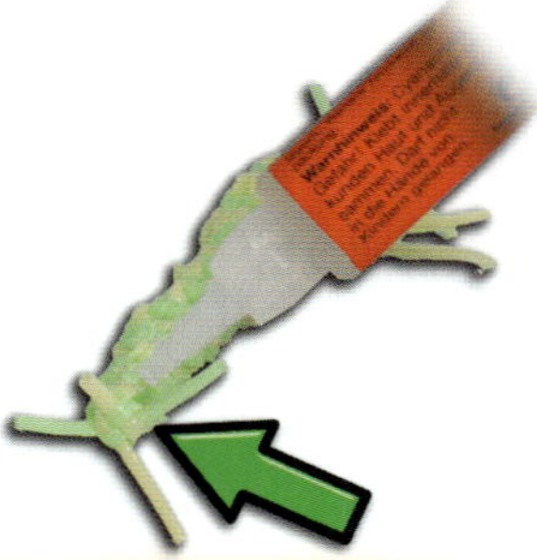

**8**

Über je zwei der acht Schnüre, die oberhalb des ersten Knotens überstehen, schiebst du je eine der kleinen Holzkugeln. Die Schnüre sollen die Löcher bis zum Ende ausfüllen, aber nicht herausschauen.

**9**

Zur Sicherung gibst du in jede Kugel einen kleinen Tropfen Sekundenkleber.

**10**

Die verbleibenden vier Schnüre drehst du ganz durch die große Holzkugel...

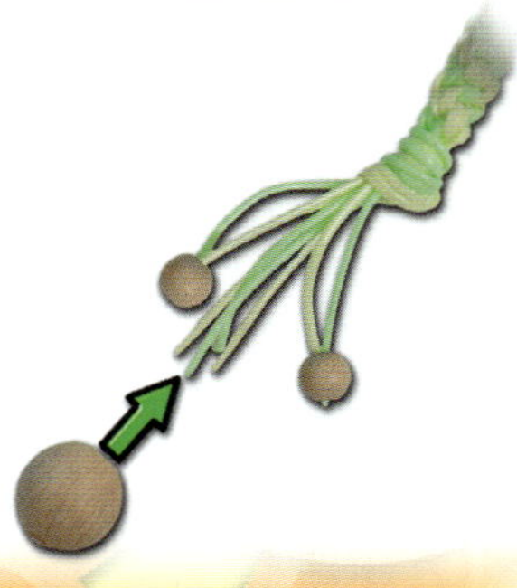

11

...und sicherst wieder mit einem Tropfen Sekundenkleber.

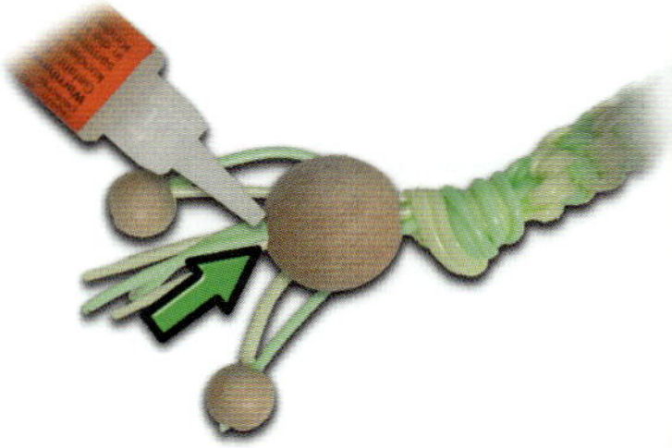

12

Mit den wasserfesten Filzstiften malst du Undine ein hübsches Gesicht.

13

Wenn du ein paar ganz kleine Muscheln hast, kannst du Undine perfekt ausstaffieren: Als Bikini-Oberteil klebst du ihr zwei Muschelhälften auf die Brust.

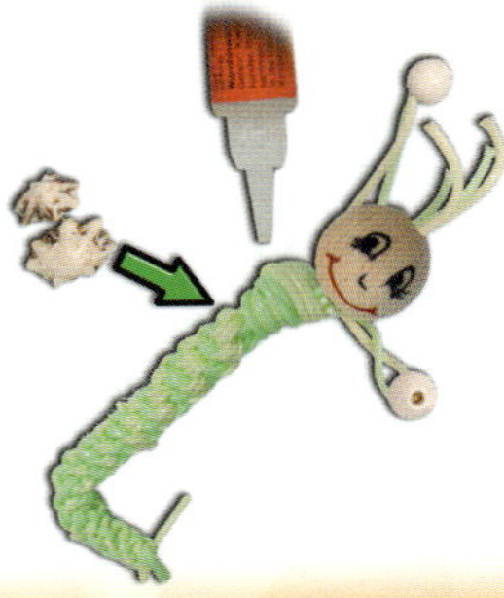

14

Eine etwas größere Muschel drückst du über den Fäden am Schwanzende zusammen und verklebst sie dort. Aber pass auf, dass du deine Finger nicht mit anklebst. Sonst zieht dich Undine beim nächsten Abtauchen für immer unter Wasser.

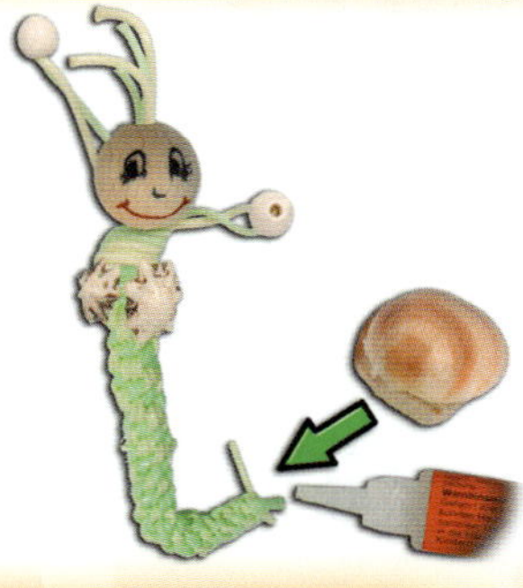

So lange brauchst du:

**30 min.**

Schwierigkeitsgrad:

**mittel**

Das brauchst du:

**Material**
- Vier Schnüre
- Eine Haarklammer
- Zwei Wackelaugen

**Werkzeug**
- Häkelnadel
- UHU-Allpast

**Grundtechniken**
- „Eckiger Knoten, breit, mit drei Schnüren“
- „Rundknoten mit drei Schnüren“
- „Rundknoten mit zwei Schnüren“

# Haarspange

Nicht nur beim Scoubidou-Basteln können lange Haare manchmal ganz schön lästig sein. Eine Haarspange ist nicht nur praktisch, weil dir beim Knüpfen und Kleben die Haare nicht mehr ins Gesicht fallen, mit einem bunten Scoubidou drauf ist sie auch kolossal chic.

**1**

Für den flachen Kopf der Schlange beginnst du nach der Technik „Eckiger Knoten, breit, mit drei Schnüren“.

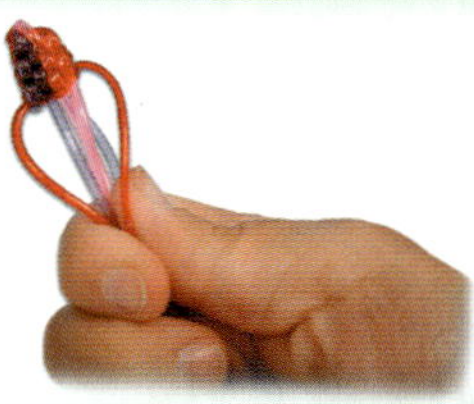

**2**

Nach 1-1,5 cm machst du für den Leib der Schlange mit „Rundknoten mit drei Schnüren“ weiter, wobei du immer die zwei gleichfarbigen Schnurenden gemeinsam führst.

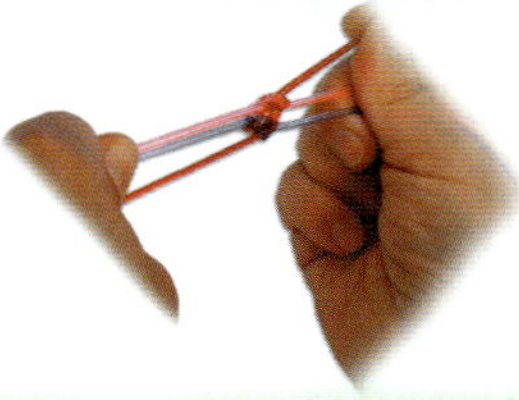

**3**

Wenn die Schlange etwa 5,5 cm lang ist, lässt du eine der drei Farben aus, und knotest nach der Technik „Rundknoten mit zwei Schnüren“ weiter,

4

Die Schlange sollte insgesamt mindestens 2 cm länger werden als die Haarklammer. Hast du die richtige Länge erreicht, machst du den letzten Knoten und sicherst ihn mit Sekundenkleber.

5

Nun schneidest du alle abstehenden Enden ab.

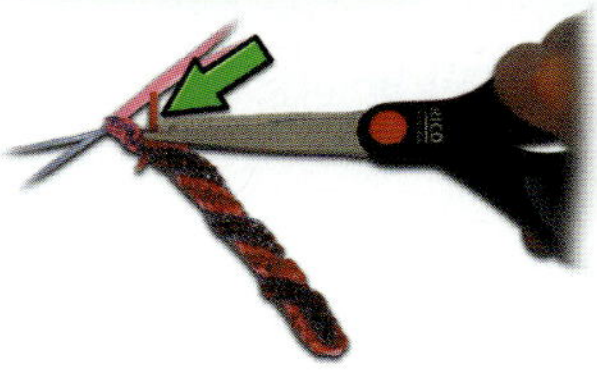

6

Die Augen der Schlange klebst du rechts und links an die Oberseite des Kopfes.

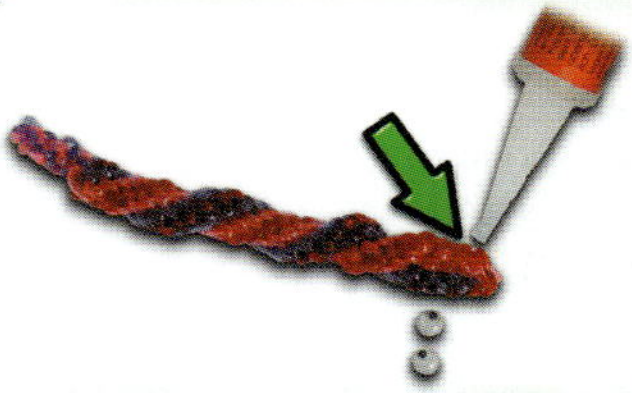

7

Bilde mit der orangenen Schnur in der Mitte eine Schlaufe, und ziehe sie mit der Häkelnadel halb durch den ersten Knoten. Halte ein Ende fest und ziehe die Schnur ganz durch.

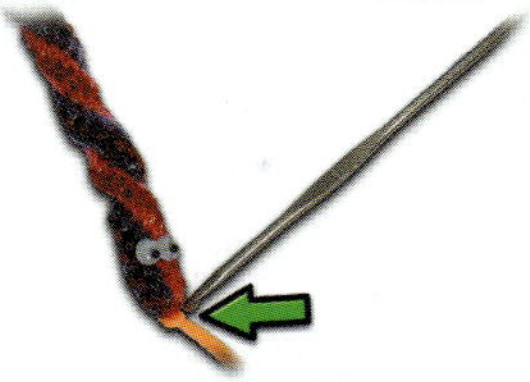

8

Wenn du die beiden Enden auf gleiche Länge gerichtet und verknotet hast, schneidest du sie auf höchstens 1 cm ab.

9

Klebe die Schlange auf der Haarklammer mit UHU-Allplast oder einer Heißkleberpistole fest. Benutze die Heißkleberpistole nur mit deinen Eltern!

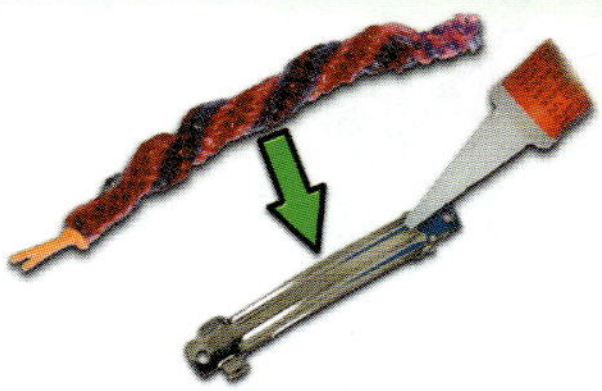

So lange brauchst du:

**50 min.**

Schwierigkeitsgrad:

**mittel**

# Angelo

Das brauchst du:

**Material**
- Sieben nachleuchtende Schnüre
- Eine Holzkugel, ø 20 mm mit Loch
- Sekundenkleber

**Werkzeug**
- Häkelnadel
- wasserfeste Filzstifte

**Grundtechnik**
- „Rundknoten mit vier Schnüren“

Wenn Angelo, der kleine Schutzengel, der im Dunklen leuchtet, bei Mama und Papa am Autorückspiegel hängt, erinnert er sie daran, dass es im Straßenverkehr höllisch gefährlich ist und sie immer gut aufpassen sollen.

**1**

Den Schutzengel Angelo beginnst du mit zwei Schnüren und suchst deren Mitte.

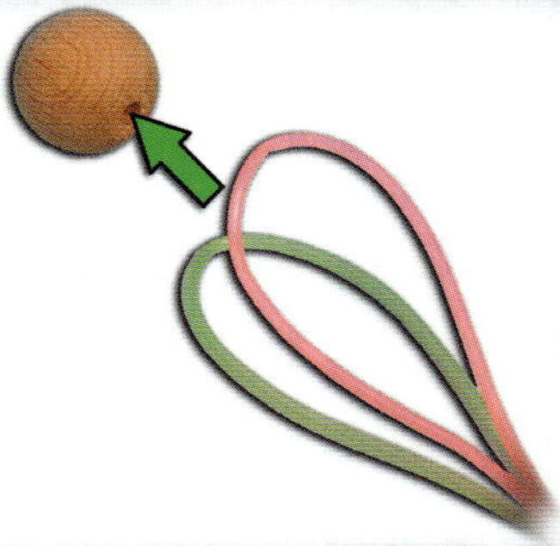

**2**

Als nächstes ziehst du die beiden Schnüre unter langsamen Drehen so durch das Loch der Holzkugel, dass sich auf einer Seite der Kugel eine kleine Schlaufe bildet. Die Kugel ist der Kopf von Angelo.

**3**

Damit die Schlaufe nicht herausrutschen kann, machst du oberhalb des Kopfes einen einfachen Knoten.

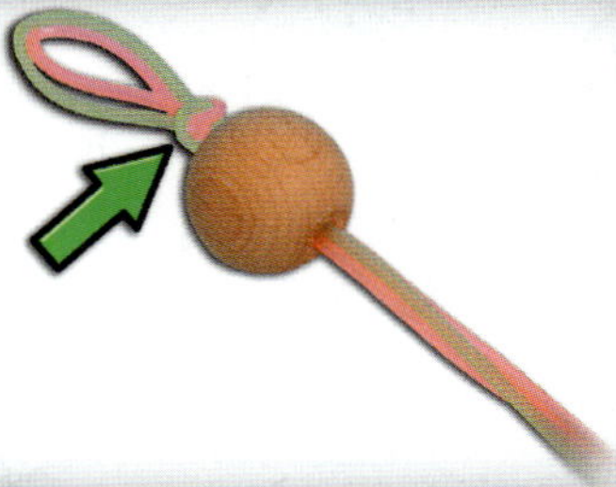

**4**

Knüpfe unterhalb des Kopfes zwei Knoten nach der Technik „Rundknoten mit vier Schnüren“; das ist Angelos Hals.

**5**

Jetzt kommt der Körper an die Reihe. Weil der dicker werden muss als der Hals, nimmst du zwei weitere Schnüre und legst sie mit ihrer Mitte derart quer über den letzten Knoten, dass je zwei Schnüre in die vier Himmelsrichtungen zeigen.

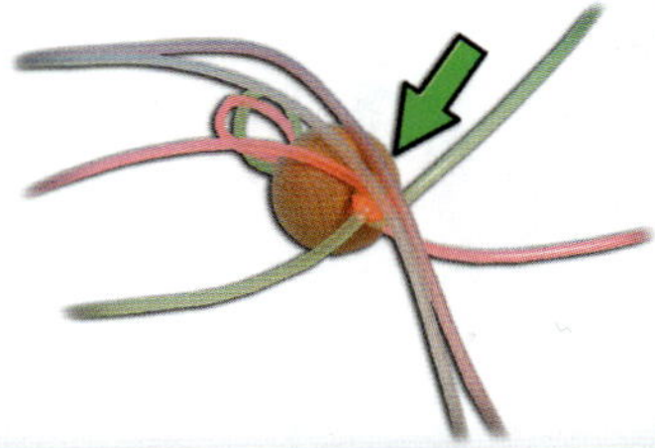

**6**

Binde mit den beiden ersten Schnüren einen Rundknoten und flechte die neuen Schnüre ein. Ab jetzt machst du fünf Knoten mit acht Schnüren. Die Technik ändert sich jedoch nicht, du musst nur bei jedem Schritt zwei statt einer Schnur führen.

**7**

Nach dem fünften Knoten legst du die nächsten beiden Schnüre mittig auf und knüpfst sie ein.

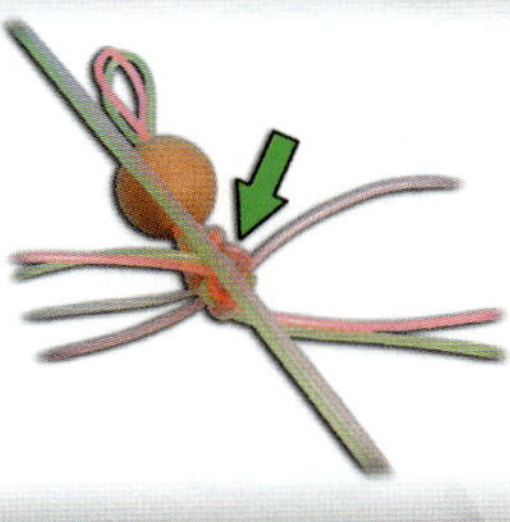

8

So stellst du mit zwölf Schnüren weitere fünf Knoten her. Auch hier bleibt die Grundtechnik dieselbe, mit jeweils drei statt bisher zwei Schnüren pro Schritt.

9

Mit der letzten der sieben Schnüre bindest du die 12 Schnüre unterhalb des letzen Knotens zusammen...

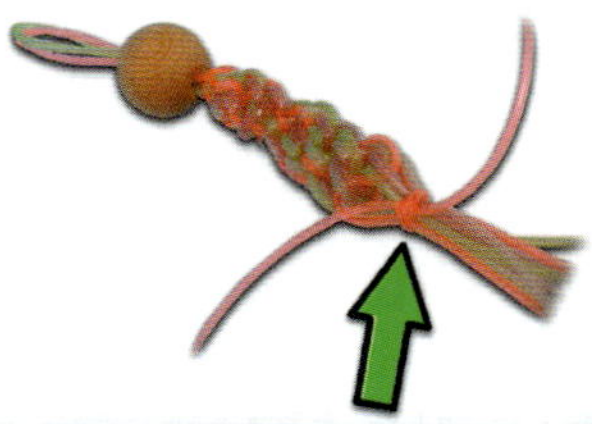

10

...und sicherst den Knoten mit Sekundenkleber.

11

Die 14 Enden schneidest du mit einer Schere gleichmäßig auf eine Länge von 5 cm ab. Die vier längsten der abgeschnittenen Schnüre solltest du jedoch nicht wegwerfen, da du sie für die Flügel verwenden kannst.

12

Etwa da, wo der Hals in den Körper übergeht, gehst du mit der Häkelnadel vorsichtig durch einen Knoten...

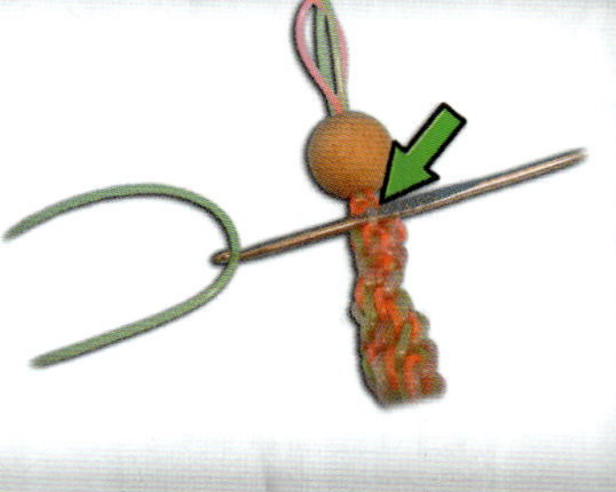

**13**

...und ziehst einen der Bandreste bis zur Hälfte durch.

**14**

Einen zweiten legst du mittig darauf und knotest ihn fest.

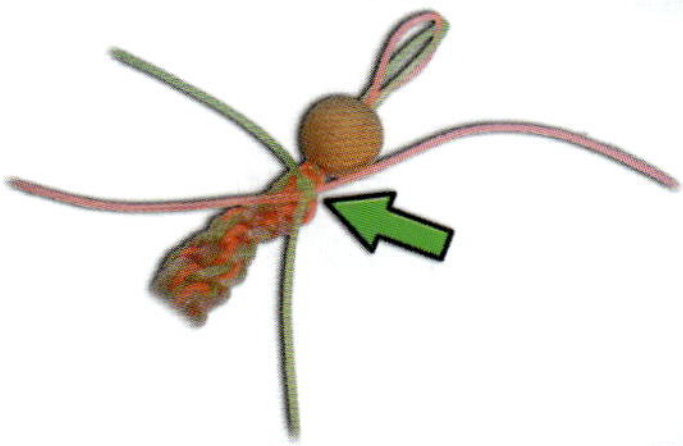

**15**

Knüpfe einen etwa 3 cm langen Arm.

**16**

Sichere den letzten Knoten mit Sekundenkleber.

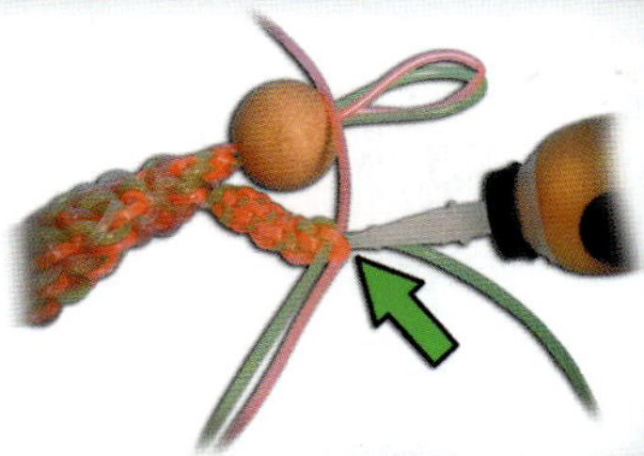

**17**

Schneide die Schnurenden so ab, dass kleine Finger übrigbleiben.

18

So, der erste Arm ist fertig.

19

Auf der Gegenseite setzt du den zweiten Arm genau so an.

20

Zwei langen Reststücken ziehst du Draht ein. (Tipps & Tricks)

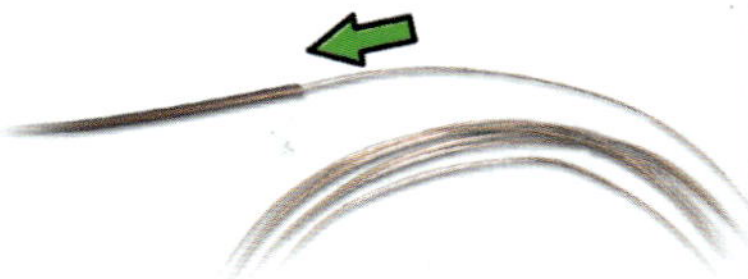

21

Du schiebst die Häkelnadel an der Schulter durch einen Knoten…

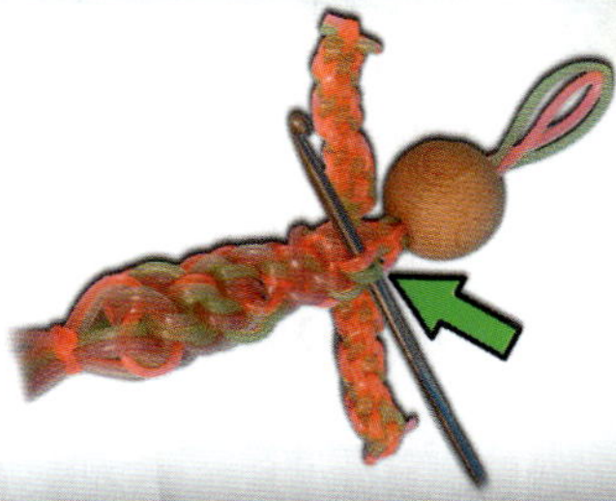

22

...und häkelst beide Schnüre jeweils bis zur Mitte auf dem Rücken des Engels ein.

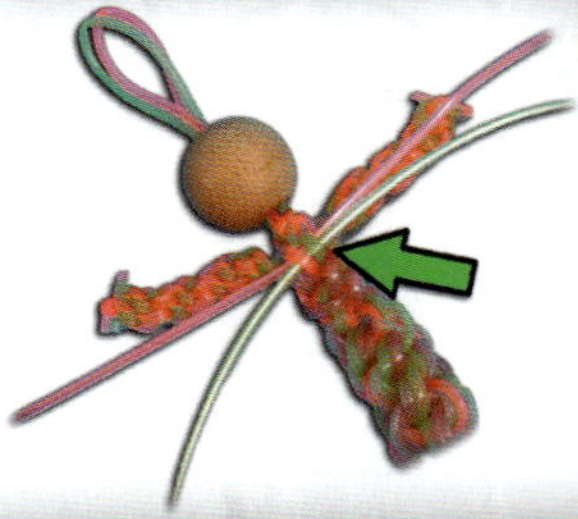

**23**

Biege die ersten beiden Drahtenden und arbeite sie weiter unten wieder in den Körper ein.

**24**

Sichere alle vier Stellen mit Sekundenkleber.

**25**

Nun steckst du auch die beiden anderen Drahtenden weiter unten in den Engel und sicherst ihn mit Sekundenkleber.

**26**

Fast fertig – es fehlt nur noch das Gesicht.

**27**

Das malst du mit den wasserfesten Filzstiften auf die Holzkugel. Fertig ist Angelo, der Schutzengel.

So lange brauchst du:

**50 min.**

Schwierigkeitsgrad:

**schwer**

Das brauchst du:

**Material**
- Vier Schnüre (Orange), je 2 m lang
- Eine Schnur (80 cm), grau

**Werkzeug**
- Rundspitz-Zange
- Seitenschneider
- Häkelnadel

**Grundtechniken**
- „Rundknoten mit vier Schnüren"
- „Eckiger Knoten mit vier Schnüren"

# Hubschrauber

Den orangeroten ADAC-Rettungshelikopter hast du bestimmt schon am Himmel oder im Fernsehen gesehen. Mit Geduld und ein bisschen Geschick kannst du dir so einen Hubschrauber aus Scoubidou bauen.

**1**

Suche die Mitte der vier Schnüre und verknote sie nach der Technik „Rundknoten mit vier Schnüren". Du bekommst acht Enden und der Strang wird doppelt so dick, also musst du für jeden Schritt jeweils zwei Schnüre statt einer führen.

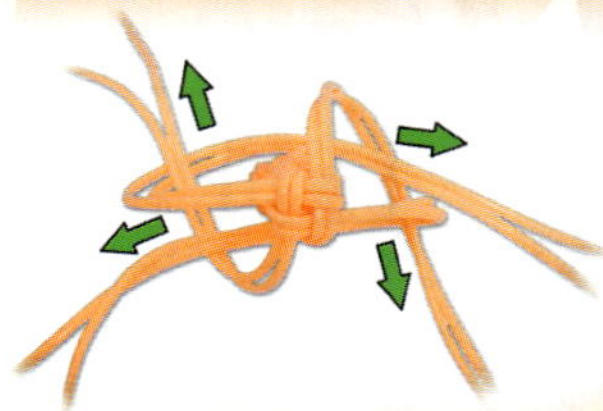

**2**

Wenn der Grundstrang etwa 8 cm lang ist, drehst du ihn um. Nun machst du einen „runden Knoten" nach der Variante 2 „über den Daumen". Wenn du ihn zuziehst, achte darauf, daß er sich gleichmäßig um den Grundstrang herumlegt.

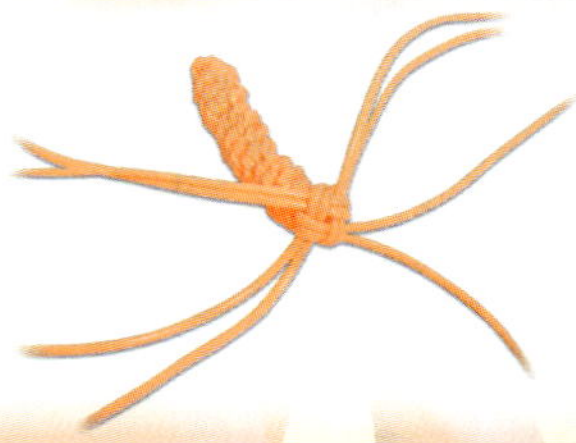

**3**

Aud diese Weise ummantelst du den Grundstrang bis etwa zur Hälfte.

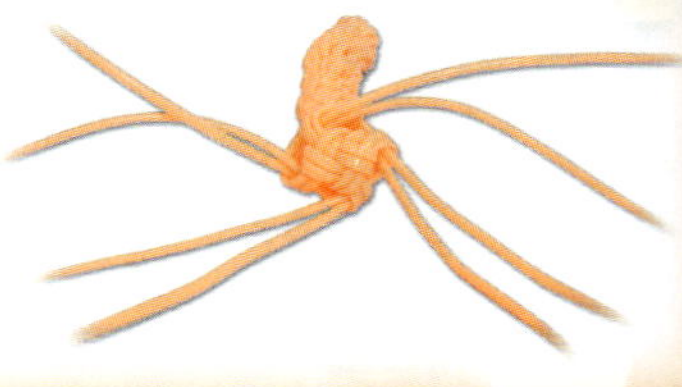

4

Nun teilst du die acht Schnüre. Je vier nebeneinander liegende Schnüre verknotest du miteinander.

5

Einen der beiden Knoten sicherst du mit Sekundenkleber und schneidest die Schnurenden ab.

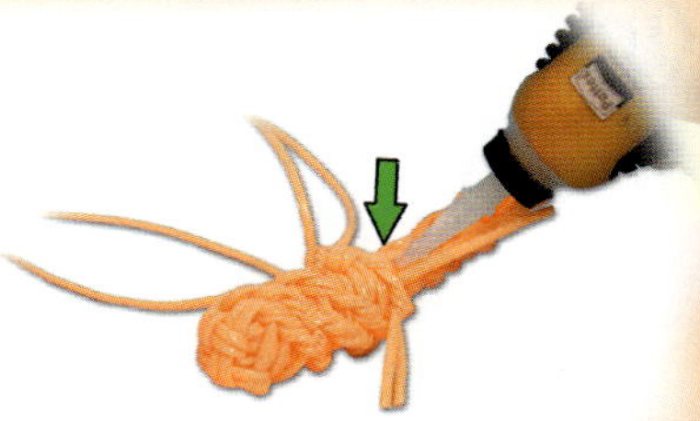

6

In die vier gegenüberliegenden Schnüre knüpfst du vier Knoten nach der Technik „Eckiger Knoten mit vier Schnüren". Diese Knoten stehen aufrecht vom Grundstrang ab und bilden die Rotorachse des Hubschraubers.

7

Nun schneidest du von der grauen Schnur ein etwa 45 cm langes Stück ab und schiebst eine Drahteinlage hinein. Mit dem Seitenschneider schneidest du zwei zehn Zentimeter lange Teile ab; den Rest brauchst du später.

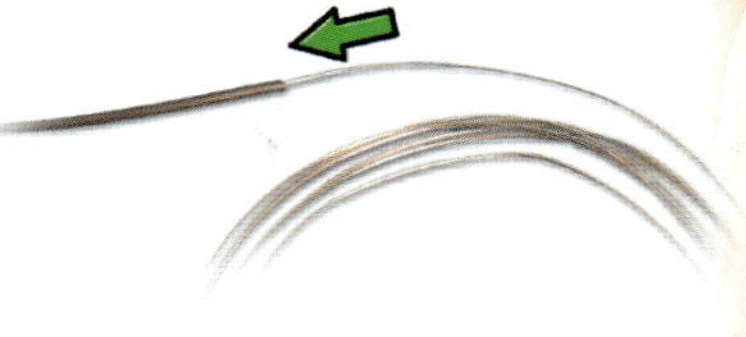

8

Aus den beiden 10 cm Stücken machst du die Rotorblätter. Du legst sie kreuzförmig auf die Rotorachse...

**9**

...und bindest sie mit zwei weiteren eckigen Knoten ein.

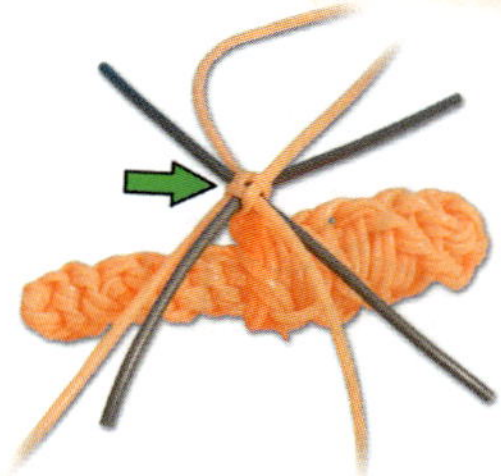

**10**

Wenn du den letzten Knoten mit Sekundenkleber gesichert hast, kannst du die Enden abschneiden.

**11**

Nun kommen Heckflosse und Heckrotor an die Reihe. Mit einer Häkelnadel lockerst du ganz leicht den allerersten Knoten am dünnen Ende des Hubschraubers. (Tipps & Tricks)

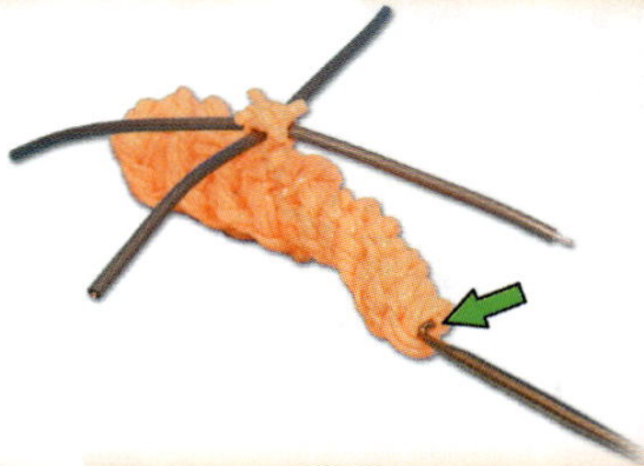

**12**

Ein etwa 3 cm langes Stück orangefarbenen Strangs mit Drahteinlage (Tipps & Tricks) steckst du etwa 0,5 cm weit in den Knoten am Heck hinein.

**13**

Nun biegst du eine Heckflosse nach oben und führst das andere Ende von oben etwa 0,5 cm tief ins Heck ein.

**14**

Den Heckrotor braucht der Helikopter zum Steuern. Schneide mit dem Seitenschneider ein etwa 3 cm langes Stück von der grauen Schnur mit Drahteinlage ab.

**15**

Mit der Häkelnadel lockerst du vorsichtig auf der linken Seite des Hubschraubers kurz vor dem Ende eine Masche.

**16**

Durch die so entstehende kleine Schlaufe führst du das Stück der grauen Schnur mit Drahteinlage ein...

**17**

...und biegst den Heckrotor wie abgebildet.

Damit der Helikopter nach der Landung auch sicher stehen kann, braucht er zwei Kufen.

**18**

Du schneidest zwei 10 cm lange Stücke der grauen Schnüre mit Drahteinlage ab. Dann lockerst du an der Unterseite rechts und links vorsichtig je drei Maschen, schiebst je eine graue Schnur hinein und sicherst die Maschen mit UHU-Allplast. Biege die Kufen nach unten und leicht nach außen, fertig!

So lange brauchst du:

**60 min.**

Schwierigkeitsgrad:

**schwer**

# Drache

Das brauchst du:

**Material**
- 12 Schnüre
- Dicker Basteldraht
- Dünner Basteldraht
- Zwei Wackelaugen
- Sekundenkleber

**Werkzeug**
-Rundspitz-Zange

**Grundtechnik**
-„Rundknoten mit vier Schnüren"
-„Rundknoten mit drei Schnüren"

Echte Drachen sieht man mindestens so selten wie Meerjungfrauen vielleicht sogar noch seltener. Dieser hier heißt Fafner, gehört zur Familie der grünen Zwergdrachen und ist im übrigen ein ganz friedliche Exemplar. Solange du ihn nicht ärgerst. Ansonsten könnte es nämlic leicht sein, dass er vor lauter Aufregung eine mittelgroße Flamme huste und dir die Nasenspitze verbrennt. Also sei lieber vorsichtig.

**1**

Mit acht grünen Schnüren fängst du an. Knote sie zusammen, dann knüpfst du drei, vier Knoten nach der Technik „Rundknoten mit vier Schnüren".

**2**

Jetzt steckst du den Basteldraht in die Knotenmitte...

3

...und machst noch zwei Knoten.

4

Als nächstes schneidest du die hellgrüne Schnur in der Mitte durch, legst die beiden Hälften mit der Mitte in den Knoten und knotest sie ein. Aus ihnen wird später das Drachenmaul.

5

Nun machst du mit derselben Technik weiter.

6

Jetzt schneidest du die roten und grünen Glitterschnüre in der Mitte durch. Eine Hälfte davon legst du nach drei Knoten mit der Mitte in den Drachenleib, und knotest weiter.

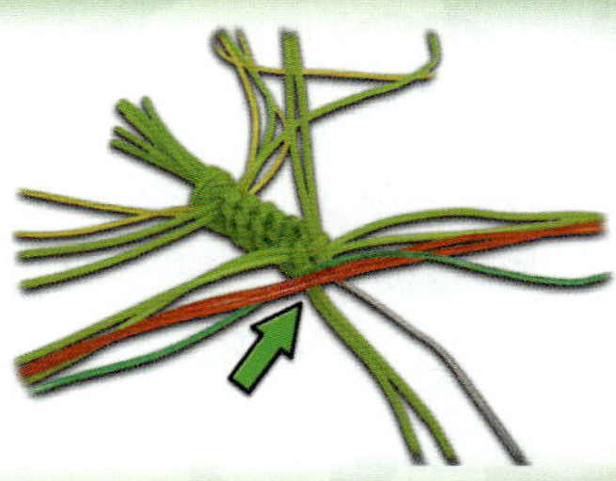

7

Nach fünf Knoten schneidest du zwei der grünen Schnüre ab und knotest nach der selben Technik mit sechs Schnüren weiter (Zweimal zwei / zweimal eine).

**8**

Nach weiteren fünf Knoten legst du die andere Hälfte der roten und grünen Glitterschnüre ein und knotest weiter.

**9**

Du machst noch einmal drei Knoten,....

**10**

...dann schneidest du von den doppelt geführten zwei grüne Schnüre ab und knotest nach der selben Technik weiter.

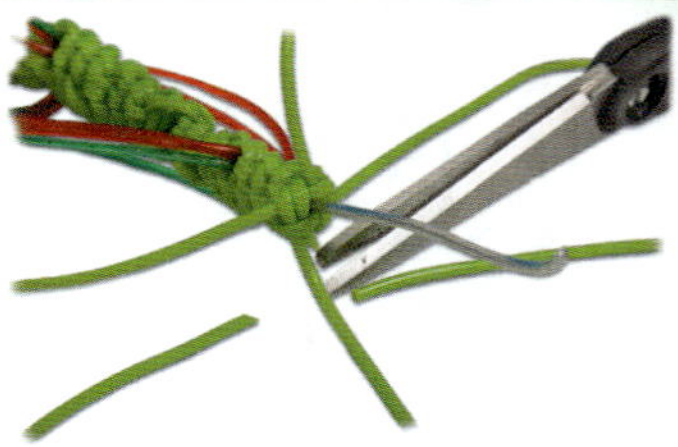

**11**

Wenn du noch vier Knoten geknüpft hast, knipst du den Draht ab.

**12**

Jetzt machst Du den Endknoten und schneidest die vier Enden ab

**13**

Den Endknoten sicherst du mit Sekundenkleber.

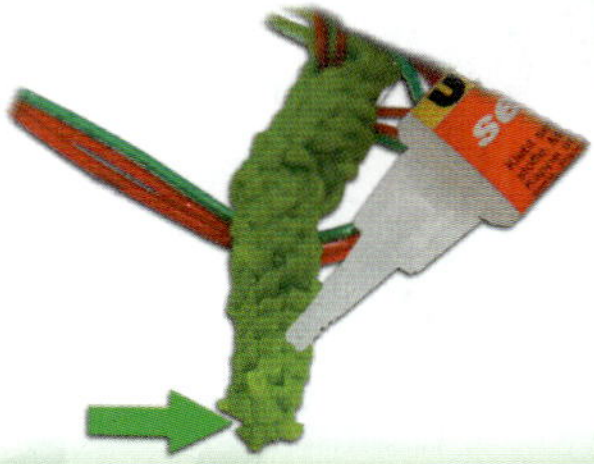

**14**

Nun knotest du nach der Technik „Eckiger Knoten“ aus den hellgrünen Schnüren das Drachenmaul.

**15**

Wenn es lang genug ist, schneidest du die losen Fäden nach etwa einem halben Zentimeter ab.

**16**

Als nächstes knüpfst du die Beine nach der Technik „Rundknoten mit drei Schnüren“.

**17**

Die Vorderbeine sollten etwa 1 cm, die Hinterbeine können auch 2 cm lang sein.

18

Nach den Endknoten schneidest du die Schnüre ab, lässt aber noch ein paar Millimeter stehen – das sind Fafners Krallen.

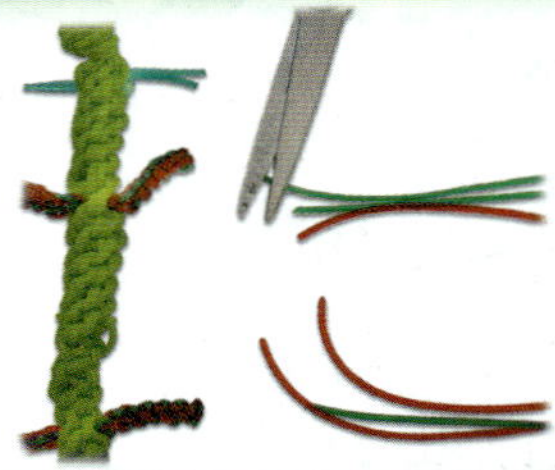

19

In das längste Reststück der roten Glitterschnur ziehst du dünnen Basteldraht ein. Auf dem Rücken, knapp unterhalb des Mauls, steckst du den Draht in einen der Knoten.

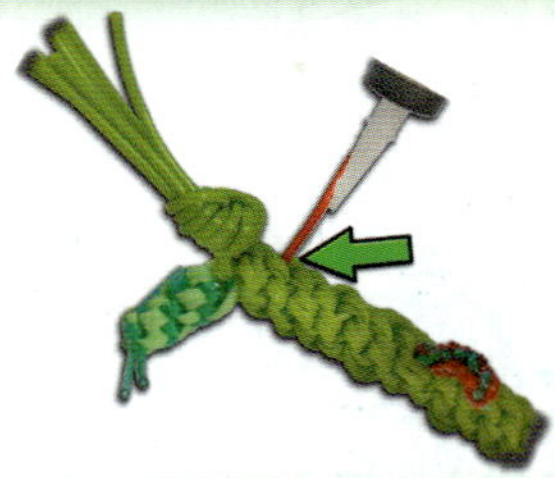

20

Dann biegst du mit Hilfe der Rundspitz-Zange drei spitze Zacken und steckst das untere Ende des roten Drahts in den Rücken. Sichere beide Stellen mit Sekundenkleber.

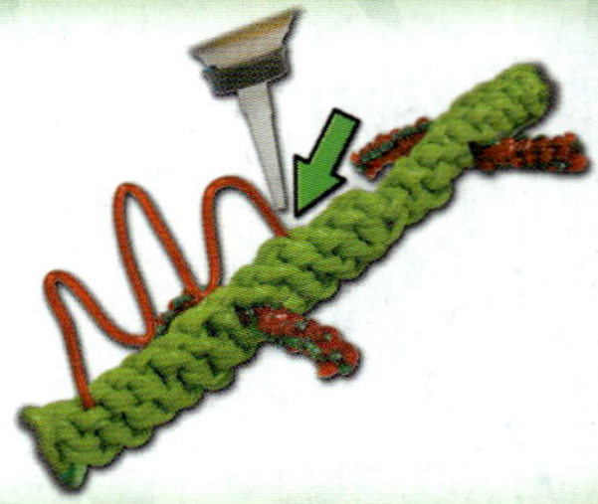

21

Jetzt braucht Fafner nur noch zwei Augen; die klebst du ihm oberhalb des Mauls vorne an den Kopf.

22

Füttern musst du Fafner nicht. Damit sie ordentlich Feuer husten können, ernähren sich Zwergdrachen vorwiegend von Holzkohle. Und die sucht sich der kleine Fafner nachts, nachdem du eingeschlafen bist.